Moldavie,

repères et perspectives

Collection « Inter-National »

dirigée par Denis Rolland,
Joëlle Chassin et Françoise Dekowski

Cette collection a pour vocation de présenter les études les plus récentes sur les institutions, les politiques publiques et les forces politiques et culturelles à l'œuvre aujourd'hui. Au croisement des disciplines juridiques, des sciences politiques, des relations internationales, de l'histoire et de l'anthropologie, elle se propose, dans une perspective pluridisciplinaire, d'éclairer les enjeux de la scène mondiale et européenne.

Série générale (dernières parutions) :

Laurentiu VLAD, *Images de l'identité nationale. La Roumanie aux expositions universelles et internationales de Paris, 1867-1937*, 2016.
Gilles GALLET, *Pour une Russie européenne. Géopolitique de la Russie d'hier et d'aujourd'hui*, 2016.
Angela DEMIAN, La nation impossible ? Construction nationale en République de Moldova et au-delà, 2016.
Dolores THION SORIANO-MOLLA, Noémie FRANÇOIS, Jean AALBRESPIT, *Fabriques de vérités (vol. 1). Communication et imaginaires*, 2016.
Dolores THION SORIANO-MOLLA, Noémie FRANÇOIS, Jean AALBRESPIT, *Fabriques de vérités (vol. 2). L'œuvre littéraire au miroir de la vérité*, 2016.
Cyril GARCIA, *Amado Granell, libérateur de Paris*, 2016.
Miche FABREGUET (coord.), *Mémoires et représentations de la déportation dans l'Europe contemporaine*, 2016.
Mathilde LELOUP, *Les banques culturelles. Penser la redéfinition du développement par l'art*, 2016.
Eriona TARTARI KERTUSHA, *L'esprit des Lumières en Europe de l'Est. Traduire Jean-Jacques Rousseau en Albanie*, 2016.
Salim TOBIAS PEREZ, *Religion, immigration et intégration aux Etats-Unis. Une communauté hispanique à New York*, 2015.
Daniel GRANADA DA SILVA FERREIRA, *Pratique de la capoeira en France et au Royaume-Uni*, 2015.
Patrick HOWLETT-MARTIN, *La coopération médicale de Cuba. L'altruisme récompensé*, 2015.
Maria Teresa GUTTIEREZ HACES, *La continentalisation du Mexique et du Canada dans l'Amérique du Nord. Les voisins du Voisin*, 2015.
Eric DICHARRY, *Théâtre, résidence d'artiste, médiation et territoire*, 2014.

Sous la direction de
Catherine Durandin et Irina Gridan

Moldavie,

repères et perspectives

L'Harmattan

5-7, rue de l'École-Polytechnique, 75005 Paris

http://www.editions-harmattan.fr

ISBN : 978-2-343-13114-6
EAN : 9782343131146

Avant-propos

Catherine DURANDIN, Irina GRIDAN

Cet ouvrage s'inscrit dans la continuité de la journée d'études « Moldavie : Repères et perspectives », consacrée à un état des lieux de la République de Moldavie, qui s'est tenue le 3 juin 2016 à l'Institut national des langues et civilisations orientales (INALCO) avec l'appui du Centre de recherche Europes-Eurasie (CREE). À l'initiative de ce projet résidait le constat d'une actualité chaotique et d'une instabilité politique aiguë, doublées de scandales financiers et de mouvements de protestation, qui faisaient – et font aujourd'hui encore – l'objet d'une intense couverture médiatique. La crise est multiforme, profonde et c'est sa complexité que nous nous sommes proposé de décrypter.

La perception des enjeux moldaves se situe nécessairement à la croisée d'analyses de la situation internationale et régionale, de la politique russe dans son « étranger proche » et de l'UE dans son « voisinage », des recompositions postcommunistes du paysage politique intérieur et de la société moldave, sans oublier les héritages des périodes antérieures. Il s'est donc agi de mener une réflexion qui ancre l'actualité dans le temps long, qui combine les enjeux théoriques et les expériences vécues, les perspectives des décideurs et des acteurs locaux et celles des acteurs et des observateurs extérieurs.

Un retour sur quelques repères historiques et culturels, ainsi que sur les déchirements identitaires hérités de l'histoire autour de la langue et des frontières constitue la première partie de l'ouvrage. Autant d'éléments au cœur des enjeux les plus actuels, auxquels la seconde partie du livre est consacrée : il s'agit de mener une réflexion et un dialogue entre acteurs et experts, en prise directe avec le terrain, sur les questions militaires, politiques et géopolitiques qui secouent le pays.

Repères

Qui sommes-nous ? De l'identité collective à la construction nationale

Angela DEMIAN

« Qui sommes-nous ? » C'est une question à laquelle on ne cesse de se référer sans que l'on puisse jamais y apporter une réponse définitive. Plus modestement, cette contribution abordera la quête identitaire au sein de la République de Moldova (RM), en lien avec le projet de construction nationale moldave. Et, comme le notait à juste titre Claude Lévi-Strauss, « Toute utilisation de la notion d'identité commence par la critique de cette notion[1] ». L'identité, telle que l'entendent la majeure partie des auteurs contemporains, n'a pas de « réalité ». Elle n'existe, écrit Erik Erikson, que par le sentiment d'identité[2]. C'est cette acception du terme que je retiens. L'identité « n'est jamais un état ni un avoir », mais l'objet d'un effort de construction sociale : « Elle ne se saisit que dans la crise et ne se maintient que par la prise (en

---

[1] Claude LEVI-STRAUSS (dir.), *L'Identité*, Paris, PUF, 2000 (1re éd. 1977), 344 p., p. 331.

[2] Erik ERIKSON, *Adolescence et crise : la quête de l'identité*, Paris, Flammarion, 1972 (1re éd. en anglais : 1968), 328 p., *passim*.

charge, de position, de rôle ou de parole)[3]. » Dès lors, il ne s'agit pas de chercher une réponse impossible à la question « qui sont réellement les Moldaves ? », mais d'aborder les connotations des référents « identité » et « nation », à savoir « de quoi parle-t-on, lorsqu'on évoque le terme "moldave" ? » et « quel est l'impact sociopolitique recherché par les récits identitaires rivaux ? »

J'aborde cette problématique en deux temps : le problème de l'unité dans la diversité, une quête somme toute banale et très largement partagée, à laquelle s'adjoint une situation plus rare d'un conflit interne sur les affiliations identitaires, qui oppose les moldovénistes aux roumanistes. Bien évidemment, parler de moldovénistes et de roumanistes, c'est sacrifier la nuance à la catégorisation, le prix à payer afin de pouvoir ordonner les données observables pour comprendre et rendre compte de la réalité. Les moldovénistes et les roumanistes sont une construction, un idéaltype, un « tableau de pensée » qui n'est pas incarné[4]. Qui plus est, je m'intéresse moins aux -istes qu'aux -ismes : les discours et leurs logiques, la « conversation » publique ayant l'identité et la nation pour objet.

Moldovénisme contre roumanisme

Deux principaux discours identitaires s'opposent concernant la population majoritaire de la RM : les discours moldovéniste et roumaniste.

L'idiome moldovéniste

L'idiome moldovéniste affirme l'existence d'une collectivité historique moldave indépendante, en mobilisant les

---

[3] Pierre TAP, « Identité » (Psychologie), *Encyclopaedia Universalis*, vol. 11, 1989, p. 898.

[4] Max WEBER, *Essais sur la théorie de la science*, Paris, Plon, 1992 (1re éd. 1965), 478 p., p. 171-201.

sentiments identitaires de ses membres et leur volonté de se référer à un « nous » moldave. Pour résumer : nous sommes Moldaves, parce que nous avons le sentiment de l'être, nous nous désignons de la sorte, nous souhaitons l'être. Dans les termes de l'ancien président du Parlement Dumitru Diacov, « nous sommes ce que nous sommes. La plupart des citoyens de notre État se considèrent Moldaves et l'entité "peuple moldave" est perçue comme quelque chose de naturel et d'inévitable[5] ».

Pour répondre à la proximité culturelle avec la Roumanie, le moldovénisme ne mobilise que les traits qui font la différence, s'appuyant en particulier sur l'expérience historique divergente depuis 1812, à l'exception de la « parenthèse » de l'entre-deux-guerres, ou encore sur l'existence d'un État moldave indépendant auquel les Moldaves restent attachés[6]. Le plus souvent, c'est la proclamation de la différence – ou le contraste discursif, pour reprendre un terme de Max Weber[7] – qui sert à justifier la volonté de séparation. Ainsi, la catégorie « moldave » devient le principal vecteur d'identification : « L'identité nationale des Moldaves s'exprime dans le nom de la nation – moldave – et dans le nom de leur langue maternelle – langue moldave[8]. » Ou encore, la « conscience nationale » moldave repose sur « trois "piliers" : le nom de la nation, la dénomination de la langue maternelle et le nom historique du pays[9] ». Cette stratégie de différenciation s'inscrit dans la

---

[5] Dumitru DIACOV, « L'unionisme, la fierté nationale et la réalité », *Flux*, 29 septembre 1999.

[6] Cf. Angela DEMIAN, *La Nation impossible ? Construction nationale en République de Moldova, et au-delà*, Paris, L'Harmattan, 2016, 531 p., *passim*.

[7] Max WEBER, *Économie et société*, Paris, Plon, 1971 (1re éd. en allemand 1921), 650 p., p. 414, 420.

[8] Petre MOLDOVAN, *Moldovenii în istorie* [Les Moldaves dans l'histoire], Chişinău, Poligraf, 1993, 180 p., p. 139.

[9] Vasile STATI, *Istoria Moldovei* [L'histoire de la Moldova], Chişinău, Vivar Editor, 2002, 462 p., p. 390 ; programme du parti Les patriotes de la Moldova, 2010, sur le site : http://www.e-democracy.md/parties.

continuité de l'expérience soviétique, où il suffisait d'affirmer la différence dans un contexte de domination incontestable de Moscou et de quasi-absence de contacts avec la Roumanie. Ainsi, dans le domaine de la langue, on est passé de l'édification de la différence entre le roumain et le moldave au sein de la République autonome soviétique socialiste moldave (RASSM), avec plusieurs alternances d'alphabets entre 1924 et 1940[10], à la simple affirmation de la différence hors de toute construction linguistique au sein de la République soviétique socialiste moldave (RSSM), entre 1944 et 1989.

Cette frontière nominale affirme l'existence d'un « nous » différent d'« eux ». En tant que telle, non seulement la catégorie ne décrit pas le « nous », mais elle ne permet pas non plus de déterminer sans équivoque le « nous » pertinent. Ainsi, il peut s'agir d'opposer le « nous », les Moldaves en tant que société politique moldave dans son ensemble (y compris « nos minorités ») aux Roumains de Roumanie. C'est ce que l'on appelle le « nous » civique. Cette forme de différenciation et de fermeture se manifeste notamment dans le débat sur l'enseignement de l'histoire, qui oppose les avocats de « l'histoire de l'État » moldave (au nom d'un « nous » qui désigne les membres de la société politique, comportant une majorité et des minorités) et les défenseurs de « l'histoire du peuple » roumain (au nom d'un « nous » défini par la similitude culturelle englobant les « Roumains de partout »)[11]. Il peut s'agir d'un « nous », les Moldaves de la

---

[10] Alphabet latin à partir de 1924, cyrillique à partir de 1928, latin à partir de 1933, cyrillique à partir de 1938. Elena NEGRU, *Politica etnoculturală în RASSM, 1924-1940* [La politique ethnoculturelle en RASSM, 1924-1940], Prut International, 2003, 202 p., notamment p. 31-32.

[11] Ion ȚURCANU, « Le cursus national d'histoire en RM », *Limba română* [La langue roumaine], n° 3-4, 1996, p. 171-186. Selon la nomenclature officielle des spécialités, le « cursus d'histoire nationale » renvoie, de 1991 à 1995, à l'histoire des Roumains ; de 1995 à 1999, à l'histoire de la « patrie » ou de la RM ; de 1999 à 2005, à l'histoire des Roumains ; de

RM ensemble avec les Moldaves de Roumanie (*i.e.* l'ensemble des Moldaves de l'ancienne Principauté de Moldavie), opposés aux « Valaques » (les habitants de la province historique de Valachie). Cette idée du « nous » se traduit par la publication des cartes de la « Grande Moldova » de la période médiévale[12], qui combattent celles qui se réfèrent à la « Grande Roumanie » d'entre les deux guerres. Il peut également s'agir d'un « nous », les Moldaves qui nous assumons comme tels, opposé à « eux », les Moldaves qui se disent Roumains. Ou encore, il s'agit d'opposer la population majoritaire de la RM (qui admet ou non son identité moldave) aux Roumains de Roumanie.

Ainsi, l'idiome moldovéniste revêt une « apparence » définie, mais une « substance » confuse. Qui plus est, les moldovénistes affirment volontiers ne pas se soucier de la substance. Pour justifier le linguonyme « moldave » dans la Constitution de 1994, ils mettent souvent en avant l'idée d'un choix purement conventionnel : la Constitution n'a pas vocation à sanctionner « la vérité scientifique, mais à exprimer la volonté politique du peuple[13] ». Dans cette optique, le moldave et le roumain apparaissent comme une

---

2006 à 2011, à l'histoire intégrée et depuis 2012, à l'histoire des Roumains et l'histoire universelle.

[12] Cf. le journal *Glasul Moldovei* [La voix de la Moldova], les couvertures des ouvrages de Petre Moldovan cités et de STATI Vasile, *Istoria Moldovei în date* [Les grandes dates de l'histoire de la Moldova], Chişinău, Académie des sciences, 1998, 485 p.

[13] Programme du Parti démocrate agraire (PDAM), *Pământ și oameni* [Terre et hommes], 12 août 1995 ; SNEGUR Mircea, *Eu cred în viitorul Moldovei. Alocuțiuni, mesaje, interviuri* [Je crois dans l'avenir de la Moldova. Allocutions, messages, interviews], Chişinău, [s.n.], 1996, 176 p. Notons que la langue roumaine devient la langue officielle en RM par la décision de la Cour constitutionnelle du 5 décembre 2013 (*Monitorul Oficial* [Le Moniteur Officiel], 27 décembre 2013), intégrant le texte de la Déclaration d'indépendance du 27 août 1991 au « corps de constitutionnalité » du pays en tant que « texte constitutionnel premier » qui prévaut sur la Constitution de 1994, dont l'article 13 alinéa (1).

« langue commune », un bien partagé dont le nom relève du libre choix des populations : « Le moldave peut être trois fois identique au roumain, il doit maintenir sa dénomination distincte[14]. »

Peut-on concevoir des catégories qui ne soient pas créatrices de réel ? On s'aperçoit que la dualité des noms conduit de façon récurrente à l'affirmation de deux langues comme choses. Ainsi, le linguiste Vladimir Nerozniak, directeur du Centre des langues et des cultures des pays de la CEI auprès de l'université linguistique d'État de Moscou, pouvait demander dans une étude de 2003 adressée à la Cour européenne des droits de l'homme de Strasbourg une « traduction spécialisée » des dossiers en moldave et une formation d'interprètes en moldave. La même année, Vasile Stati pouvait élaborer un « dictionnaire moldo-roumain »[15].

Retenons que les moldovénistes supposent qu'il suffit de désigner différemment une langue et une population pour les faire exister comme différentes. Une formule de Lewis Carroll résume bien cette démarche où l'assertion se confond avec la prescription : « Je l'ai dit trois fois : ce que j'ai dit trois fois est vrai[16]. » La frontière nominale ainsi formulée pose la question des rapports entre les catégories et les marqueurs dans la quête identitaire. Depuis quelques décennies déjà, les travaux en psychologie sociale ont révélé une « loi de la catégorisation » et montré que les catégories ont un impact certain sur la perception de la similarité et de la différence. Il s'agit de la tendance à exagérer les différences entre les membres des catégories distinctes, comme les similitudes entre les membres d'une même

---

[14] Victor STEPANIUC, « Il ne restera que 4-5 partis en RM… », *Comunistul* [Le communiste], 12 avril 2002.

[15] Vasile STATI, *Dicţionar moldovenesc-românesc* [Dictionnaire moldave-roumain], Chişinău, [s.n.], 2003, 348 p.

[16] Lewis CAROLL, *The Hunting of the Snark* [La chasse au snark], Londres, Macmillan, 1876, consultable sur : www.gutenberg.org.

catégorie. La catégorisation (*common category membership*) peut s'avérer plus importante que la similitude (*interpersonal perceived similarity*), quoique leur conjonction favorise l'intégration d'une collectivité[17]. Mais ce qui est plus important, c'est que la catégorisation est une piètre frontière lorsque le consensus interne sur les catégories et sur les démarcations fait défaut[18]. Dans le cas moldave, la définition même des frontières sociales est au cœur des conflits : les catégories sont contestées et leur contenu reste équivoque, les délimitations sont floues et le nombre d'individus à la croisée des catégories est important. La différence entre « nous » et « eux » ne fait guère l'unanimité. « De quelle manière sommes-nous différents d'eux ? », insistent les roumanistes.

L'idiome roumaniste

En effet, en face, le discours roumaniste fait reposer l'identité collective sur la référence à la culture roumaine partagée, à savoir des traits, dont une langue standard et une « grande tradition » communes. La question « qui sommes-nous ? » est toujours subordonnée à la question « que sommes-nous ? » Dès lors, puisque nous partageons avec les autres Roumains la culture roumaine, nous sommes Roumains.

Comme on l'a vu, les moldovénistes n'ignorent pas la proximité culturelle, mais la subordonnent au sentiment et à

---

[17] Henri TAJFEL, « The Achievement of Group Differentiation », *in* ID. (dir.), *Differentiation between Social Groups. Studies in the Social Psychology of Intergroups Relations*, Londres, New York, Academic Press, 1978, 474 p., p. 77-98 ; John C. TURNER, « Towards a Cognitive Redefinition of the Social Group », *in* Henri TAJFEL (dir.), *Social Identity and Intergroup Relations*, Cambridge, New York, Cambridge University Press, Paris, Éditions de la Maison des sciences de l'homme, 1982, 528 p., p. 15-40.

[18] Mickael G. BILLIG, Henri TAJFEL, « Social Categorization and Similarity in Intergroup Behaviour », *European Journal of Social Psychology*, vol. 3, nº 1, 1973, p. 27-52.

la volonté d'être différent. De leur côté, les roumanistes admettent les spécificités moldaves, mais leur confèrent une signification qui ne contredit en rien l'unité culturelle roumaine. D'où l'importance de la réflexion sur le contenu des catégories qui permet de distinguer entre « moldovénisme et moldovénisme ». Entre, « l'esprit moldave, ou l'ensemble des qualités morales et de caractère inhérentes aux Moldaves » et, d'autre part, « la théorie sociopolitique qui s'oppose à la roumanité », ce dernier moldovénisme étant couramment qualifié de « primitif » ou « de grotte »[19]. Ainsi, il suffit de préciser les significations du fait moldave pour pouvoir s'attribuer la moldavité, tout en rejetant le moldovénisme différencialiste qui en est la face sombre. Plusieurs échelles identitaires peuvent s'emboîter : l'identité moldave régionale et politique n'est en rien contradictoire avec la référence au *neam* (peuple) roumain et, au-delà, avec l'identité européenne.

L'identité moldave n'est acceptable que dans sa complémentarité – *hiérarchique* – avec la roumanité. Le seul contraste possible est d'ordre métonymique, entre le tout et la partie. Dans cette optique, les Moldaves qui rejettent l'identité roumaine sont tout simplement dépourvus d'identité nationale : « Ils n'ont qu'une identité régionale[20]. » Un Moldave ne se distingue d'un Roumain que par sa « conscience identitaire » qui, en tout état de cause, doit être subordonnée à la culture, à des vérités « invulnérables » telles

[19] Ion STAFI, *Spovedaniile Basarabiei* [Les confessions de la Bessarabie], Chişinău, Bons Offices, 2007, 363 p., p. 215-224 ; Nicolae NEGRU, « L'identité nationale comme donnée de la culture ou diktat de la politique », *Sud-Est*, 4/34, 1998, p. 17-20 ; Constantin TANASE, *Ochiul lui Esop. O cronică subversivă a tranziţiei* [L'œil d'Ésope. Une chronique subversive de la transition], Chişinău, Compania Group, 2000, 260 p., p. 69-75 ; Mihai CIMPOI, « Salon littéraire sur "Le moldovénisme en tant qu'erreur et terreur de l'histoire" », *Flux*, 27 octobre 2000.

[20] Oleg SEREBRIAN, *Politosfera* [La politicosphère], Chişinău, Cartier, 2001, 268 p., p. 137 ; entretien avec l'auteur le 17 juillet 2003.

que « nous sommes Roumains et nous parlons roumain – que cela nous plaise ou non[21] ». Ce discours établit une corrélation entre ceux qui se considèrent Roumains et un degré supérieur d'éducation et d'instruction[22]. Dans les termes de Constantin Tănase : « Tout Moldave bien éduqué devient Roumain[23] ! »

L'insécurité identitaire

Peut-on trouver une synthèse pour concilier les deux discours identitaires ? Chacun a ses forces et ses faiblesses et, dès lors, ils exercent une contrainte mutuelle.

Le roumanisme doit composer avec la contrainte du politique, à savoir l'existence d'un État moldave et avec l'adhésion du plus grand nombre au moldovénisme. La création de l'État en 1991 permet d'affirmer une volonté de maîtriser son destin collectif pour mettre fin à l'héritage de « monnaie d'échange » entre la Russie et la Roumanie, au gré des bouleversements géopolitiques.

Après la chute de l'Union soviétique, ceux qui pensaient qu'un peuple se définit par des marqueurs observables pouvaient affirmer que la conscience de la similitude allait entraîner l'érosion du sentiment de différence et l'abandon de la volonté de se distinguer : « Lorsque l'alphabet cyrillique

---

[21] Nicolae DABIJA, *Libertatea are chipul lui Dumnezeu. Basarabia astăzi* [La liberté est à l'image de Dieu. La Bessarabie aujourd'hui], Craiova, Fundaţia Scrisul românesc, 1997, 288 p., p. 125 ; « Le danger d'asservir politiquement les vérités éternelles », Lettre ouverte des intellectuels au président du pays, *Moldova suverană* [La Moldova souveraine], 19 février 1994.

[22] Vitalie CIOBANU, « Anatomie d'une faillite géopolitique : la RM », *Sud-Est*, 1/39 et 2/40, 2000, p. 10-26, p. 18 ; Oleg SEREBRIAN, *op. cit.* ; Iulian FRUNTASU, *O istorie etnopolitică a Basarabiei : 1812-2002* [Une histoire ethnopolitique de la Bessarabie : 1812-2002], Chişinău, Cartier, 2002, 592 p., p. 535-546.

[23] Constantin TANASE, *Hoţii de mituri* [Les voleurs de mythes], Chişinău, Timpul, 2004, 336 p., p. 300-304.

a été remplacé par l'alphabet latin, notait Nicholas Dima, on a tout de suite découvert que les Moldaves étaient des Roumains[24]. » « La disparition de la "langue moldave", renchérissait Gheorghe Negru, signifiait la disparition du "peuple moldave"[25]. » Or, c'est rester fidèle à la perspective soviétique qui exigeait que toute collectivité soit dotée d'une culture qui lui soit propre. En revanche, si l'on tient compte d'autres facteurs qui permettent la distinction – comme la « conscience collective », l'existence d'un « foyer national » et d'« élites nationales » –, on doit donner raison à Wim van Meurs, selon qui ce n'est qu'avec la chute de l'Union soviétique que la nation moldave a pu réellement s'affirmer[26]. Il a été facile de comparer les grammaires pour conclure que la langue standard en Roumanie et en Moldavie ex-soviétique est une seule et même langue. Mais cette conclusion ne détermine pas en soi un projet d'avenir. Comme le notait le linguiste Michel Bréal dès la fin du XIXe siècle : « Il importe peu que la langue soit la même si l'esprit est différent : la facilité de communication ne fait alors que mieux accuser la divergence des cœurs[27]. »

En face, le moldovénisme se heurte à la contrainte de la culture partagée, comme à l'hostilité de l'intelligentsia dite « de création ». C'est la sempiternelle guerre du pouvoir contre l'intelligence. La similitude des traits nourrit la crise du croire du moldovénisme. Peut-on construire une communauté imaginée sans s'appuyer sur des marqueurs

---

24 Nicholas DIMA, *Basarabia şi Bucovina în jocul geopolitic al Rusiei* [La Bessarabie et la Bucovine dans le jeu géopolitique de la Russie], Cluj-Napoca, Sincron, 1998, 286 p., p. 221.

25 Gheorghe NEGRU, *Politica etnolingvistică în RSS moldovenească* [La politique ethnolinguistique en RSS moldave], Chişinău, Prut Internaţional, 2000, 132 p., p. 104.

26 Wim P VAN MEURS, « Carving a Moldovan Identity Out of History », *Nationalities Papers*, nº 26, vol. 1, 1998, p. 39-56.

27 Michel BREAL, « Le langage et les nationalités », *Revue des deux mondes*, 1er décembre 1891, p. 615-639, p. 633.

identitaires ? Le moldovénisme apparaît comme une coquille vide : « N'être préoccupé que par le nom 'moldave' : voilà toute l'essence du moldovénisme[28]. » Peut-on consolider une identité « purement subjective » selon la logique « j'appartiens à ce que je veux » ? En tout état de cause, l'identité nominale est fragile et les moldovénistes ne cessent de « voler des mythes » à la « check-list identitaire »[29] de la roumanité, pour reprendre un terme d'Anne-Marie Thiesse.

Retenons que l'identité collective ne se réduit pas aux marqueurs observables, sinon on aurait assisté en 1991 à l'union avec la Roumanie. Elle ne se réduit pas non plus à la pure subjectivité, puisque les conflits autour des frontières sociales supposent des contenus à défendre.

Après tout, pourquoi un individu ne pourrait être Moldave en vertu du seul fait qu'il se pense et se désigne comme tel ? Tout simplement parce qu'il n'existe pas de consensus interne. Cette non-validation mutuelle des frontières sous-tend le thème du « droit à l'identité ». Ainsi, le roumanisme se veut inclusif envers ceux qui se disent Moldaves, avec ses niveaux d'identités emboîtées façon matriochka. Mais cette optique lèse le droit à l'identité tel que l'entendent les moldovénistes, où il n'y a pas de centre/périphérie, frère aîné/frère cadet, matrice, branches, appendices et autres excroissances[30]. À son tour, lui-même différentialiste, le

---

28 Nicolae NEGRU, « Pourquoi les Moldaves n'ont-ils pas voté pour "le défenseur téméraire du nom Moldave" ? », *Contrafort*, novembre-décembre 1996, p. 9.

29 Anne-Marie THIESSE, *La Création des identités nationales : Europe XVIIIe-XXe siècles*, Paris, Seuil, 1999, 302 p., *passim*.

30 Ion DRUTA, *Ora jertfirii. Proză, publicistică, scrisori* [L'heure du sacrifice. Prose, articles, lettres], Chişinău, Cartea Moldovei, 1998, 392 p. ; Haralambie CORBU, *Deschideri către valori. Studii, eseuri, atitudini* [Accueillir les valeurs. Études, essais, attitudes], Chişinău, Cartea Moldovei, 2003, 456 p.

moldovénisme conçoit comme tels les roumanistes : « roumanophiles, donc antimoldaves[31] ».

Cette insécurité identitaire se confirme à l'occasion du premier recensement d'après l'indépendance en 2004, la presse relayant les plaintes de ceux qui se disent Moldaves et sont enregistrés comme Roumains, ou vice versa. Tout le monde exige la reconnaissance, mais les demandes de reconnaissance sont incompatibles, puisque les moldovénistes demandent la reconnaissance des différences (dont les catégorisations), alors que les roumanistes veulent que l'on reconnaisse la similitude (dont les caractéristiques partagées).

Dans cette opposition, il n'y a pas de place pour des formes souples d'identité collective. Quel que soit le camp, l'authenticité est opposée à l'opportunisme. Pour les roumanistes, ceux qui ne se reconnaissent pas comme des Roumains sont des « égarés » ou des « renégats »[32]. Pour les moldovénistes, ceux qui se disent Roumains sont des « néo-Roumains », « auto fabriqués après 1991 », opposés aux « Roumains par naissance »[33]. Il est intéressant de noter que les populations minoritaires partagent elles aussi cette approche identitaire rigide. Comme le note Olimplia Kritskaya : « Logiquement, on appartient à la même nation que ses ancêtres, mais en RM on peut choisir. Ils peuvent être Roumains ou Moldaves. Mais qui sont-ils en vérité ? Ils

---

31 Petre MOLDOVAN, *op. cit.*, p. 76.

32 Octavian SOFRANSKY, « Le silence des Moldaves », *Contrafort*, avril-mai 2000, p. 24-25, p. 25.

33 Elena MATIEVSKI, « La terreur linguistique ou les néo-Roumains », *Mysl'* [La pensée], n° 1, mars 1998, p. 77-79 ; Vasile STATI, « "Pro Moldova" accepte toute collaboration avec les associations et les partis politiques », *Moldovanul* [Le Moldave], n° 17, septembre 1994 ; ID., « Corrélations pantalons-jupes », *Glasul Moldovei*, 4 novembre 1997 ; Ion MUNTEANU, « "Moldave" n'est pas un surnom », *Pămînt şi oameni*, 10 février 1996.

ne le savent pas eux-mêmes. On dirait des loups-garous, et non pas des êtres humains[34]. »

L'unité dans la diversité

Très clairement, ce conflit sur la bonne vision des divisions pèse sur la problématique de l'unité dans la diversité. Comment consolider l'unité politique, lorsque la construction nationale ne peut pas s'appuyer sur les ressources identitaires de la population majoritaire ? Lorsque le découplage entre la volonté et la culture, au cœur des deux idiomes identitaires moldovéniste et roumaniste, rend impossible le nationalisme tel que l'entendait Ernest Gellner[35] ?

D'évidence, au-delà de ce conflit intra-culturel, le nouvel État moldave est confronté au problème plus global de l'intégration nationale. En 1991, la RM hérite d'une société politique comprenant diverses minorités, à statut inégal, elles-mêmes en pleine redéfinition identitaire.

Quelles minorités ?

Le tableau qui suit permet d'appréhender la configuration ethnoculturelle en RSSM, lors du dernier recensement de la population au sein de l'URSS en 1989 et en RM, lors du premier recensement postindépendance de 2004[36], les

---

[34] Olimplia KRITSKAYA, « En rêve et en réalité », *Mysl'*, n° 3, septembre 2002, p. 40.

[35] Gellner envisage la « fusion de la volonté, de la culture et de la société politique » comme une « norme » dans la construction nationale. Cf. Ernest GELLNER, *Nations et Nationalisme*, Paris, Payot, 1989 (1re éd. en anglais 1983), 208 p., p. 86 notamment.

[36] *Totalurile recensămîntului unional al populației RSSM* [Données du recensement unional de la population de la RSSM de 1989], Chişinău, Comitetul de stat pentru statistică al RSSM, vol. 1, 1990 et vol. 3, 1992 ; Bureau national des statistiques, Note informative, 4 avril 2006, consultable sur le site : www.statistica.md.

résultats du recensement de 2014 n'étant pas connus à ce jour.

Configuration ethnoculturelle en RSSM (1989) et en RM (2004)

	1989 RSSM %	1989 RSSM hors la région transnistrienne %	2004 RM hors la région transnistrienne %
Moldaves	64,5	69,9	75,8
Roumains	0,06	0,1	2,2
Ukrainiens	13,9	11,3	8,4
Russes	13	9,8	5,9
Gagaouzes	3,5	4,1	4,4
Bulgares	2	2	1,9
Tsiganes/Roms	0,3	-	0,4
Juifs	1,5	-	0,1

En 1991, les diverses minorités ont eu trois grandes attitudes envers l'indépendance de la RM : la migration (des minorités qui ne sont pas à inclure), la séparation ou des stratégies plus ou moins militantes d'adaptation. Sur la rive gauche du Nistre, la RM hérite d'une région transnistrienne sécessionniste avec son propre projet de construction identitaire et nationale impliquant le rejet de l'indépendance de la RM, l'adhésion farouche à la russophonie, des liens étroits avec la Russie[37]. Sur la rive droite du Nistre, le pays réunit :

- une minorité gagaouze qui bénéficie depuis 1994 d'une « formation territoriale autonome » entendue comme une « forme d'autodétermination des Gagaouzes ». Les

[37] N.V. BABILUNGA *et. al.*, *Fenomen Pridnestrov'ja* [Le phénomène de la Transnistrie], Tiraspol, Rio PGU, 2000, 288 p. ; Stela SUHAN, Natalia COJOCARU, « Mémoire collective et constructions identitaires en Transnistrie », Institut des Politiques Publiques (IPP), septembre 2002, consulté en juin 2005 : www.ipp.md.

Gagaouzes disposent aussi d'un droit conditionnel à l'« autodétermination externe » en cas de remise en cause du « statut d'État indépendant » de la RM, plus clairement de la réunification avec la Roumanie[38] ;

- une minorité russe qui rencontre des difficultés spécifiques d'adaptation aux nouvelles réalités comportant des règles du jeu qui sapent son statut antérieur de « majorité impériale »[39]. Cette minorité hésite encore entre une mobilisation restrictive autour de la russité ou inclusive au nom de la russophonie ;

- une minorité ukrainienne, la plus nombreuse, mais peu mobilisée[40]. Elle oscille entre une certaine proximité avec la majorité moldave, en vertu d'une ambition partagée de « récupération identitaire » et, d'autre part, une certaine distance, s'agissant d'une minorité russifiée qui appuie le rôle du russe comme langue publique ;

- une minorité bulgare[41], qui adopte deux principales stratégies d'adaptation : des efforts d'intégration, mais aussi des stratégies militantes ayant conduit à l'autonomie des

---

38 « Loi sur le statut juridique spécial de la Gagaouzie (Gagauz Yeri) », *Monitorul Oficial*, 14 janvier 1995 ; Sylvie GANGLOFF, « L'émancipation politique des Gagaouzes », *Cahiers d'études sur la Méditerranée orientale et le monde turco-iranien*, n° 23, 1997, p. 231-257 ; Constantin REZACHEVICI, « Les Gagaouzes (I-II) », *Magazin istoric* [Revue historique], n° 5, 1999, p. 60-63 et n° 6, 1999, p. 64-68.

39 Liubov V.OSTAPENKO, Irina A.SUBBOTINA, *Russkie v Moldavii : Migracija ili adaptacija ?* [Les Russes en Moldova : migration ou adaptation ?], Moscou, Académie des sciences, 1998, 230 p. ; Pål KOLSTØ (dir.), *National Integration and Violent Conflict in Post-Soviet Societies: the Cases of Estonia and Moldova*, Lanhdam, Rowman&Littlefield, 2002, 301 p.

40 Victor COJUHARI, « Les Ukrainiens de la Moldova : caractéristiques ethnoculturelles », *in* Tatiana STOIANOV *et al.* (dir.), *Unitatea poporului RM şi problemele identităţii etnice* [Unité du peuple de la RM et problèmes de l'identité ethnique], Chişinău, Tipografia Prag-3, 2000, 254 p., p. 70-72.

41 Ecaterina CELAC, « Valeurs nationales et culturelles des Bulgares de la Moldova à l'heure actuelle », *ibid.*, p. 76-79.

Bulgares territorialisés avec la création au sud du pays du district bulgare, Taraclia, en 1999 ;

- une minorité tsigane ou rom, dont le nombre estimé est très variable (entre 12 000 et 250 000 personnes) et dont la mobilisation culturelle et sociopolitique est relativement faible[42]. Son degré élevé d'adaptation à la culture locale et sa situation sociale particulièrement précaire expliquent la prédominance de revendications socioéconomiques sur celles d'ordre ethnoculturel ;

- une minorité juive qui disparaît.

Au-delà de ce tableau de la configuration ethnoculturelle, la définition même des minorités est un chantier important dans la construction nationale. Plusieurs critères sont mobilisés, dont la genèse des minorités sur un territoire, leur nombre, leur territorialisation, leur attitude envers l'État moldave. La définition des minorités n'est pas un jeu rhétorique, puisqu'elle est envisagée comme le socle qui doit permettre de fixer les « conditions de départ[43] » dans l'octroi de droits légitimes.

Le principal débat oppose les partisans du syntagme « groupe ethnique » et ceux du syntagme « minorité nationale ». Du point de vue des titulaires, une minorité est une population installée sur un territoire avant l'arrivée de la « nation de souche » actuelle. Désavantagée numériquement, une minorité réside sur son « territoire ethnique ». Quant au groupe ethnique, c'est un fragment d'une « ethnie de base » qui s'en est détaché pour s'installer sur le « territoire ethnique » d'un autre peuple[44]. Dans cette optique, il n'y a

42 *Roma Minority of the RM*, Chişinău, Juvlia Romani, 2002, 60 p. ; Sorin CACE *et al.* (dir.), *Roma in the RM*, Chişinău, UNDP, 2007, 118 p.

43 Leonid Culiuc, entretien avec l'auteur, 22 juillet 2003.

44 Nicolae COJOCARU, « L'interdépendance entre la renaissance nationale, la souveraineté et l'indépendance », *Revista de filozofie şi drept* [Revue de philosophie et de droit], nº 2-3, 1996, p. 15-20 ; Serghei OSTAF, *Assessment of Provisions of Bilateral Agreements on Protection of Kin-State*

pas de minorités nationales en RM, mais seulement des groupes ethniques, encore mieux, des « représentants » de divers groupes ethniques. Notons cependant une sensibilité particulière envers les minorités territorialisées sans État-parent, comme les Gagaouzes, qui ne pourraient entretenir leur culture sur aucun autre territoire. Dans les termes de l'ex-chef de l'État Mircea Snegur, les Gagaouzes « n'ont pas d'autre patrie[45] », d'où un meilleur accueil réservé à leurs revendications identitaires qu'à celles des Russes, par exemple.

Du point de vue des intéressés, les syntagmes « minorité nationale » et « groupe ethnique » sont jugés dévalorisants[46]. Cependant, « minorité nationale » est préférable à « groupe ethnique », puisque la minorité nationale se situe à une échelle supérieure dans la hiérarchie des groupes établie au sein de l'URSS. Qui plus est, ce syntagme est également consacré dans des instruments internationaux de protection des droits des minorités.

On peut distinguer cinq principaux idiomes nationaux ou discours d'unité dans la diversité.

L'idiome majoritaire

L'idiome majoritaire envisage la RM comme le « deuxième État roumain » comportant des fragments ou des représentants de divers groupes minoritaires[47]. Ce n'est pas

---

Minorities concluded by Moldova, Helsinki, Moldovan Committee for HR, 30 septembre 2003, 54 p. ; Anatol Petrencu, entretien avec l'auteur, 24 juillet 2003.

45 Mircea SNEGUR, « Le peuple a lui aussi son mot à dire », *Sfatul Ţ̧ării* [Le Conseil du pays], 21 juin 1991. Nicolae CHIRTOACA, entretien avec l'auteur, 16 juillet 2003.

46 Anatoli LISETSKIJ, *Pravo na samobytnost'* [Le droit à l'authenticité], Briansk, Grani, 1993, 162 p.

47 Vitalia Pavlicenco, entretien avec l'auteur, 25 août 2003 et programme de 2011 du Parti national libéral qu'elle dirige.

un État national, mais l'État de tous les citoyens, englobant une « population autochtone roumaine majoritaire » et divers autres « groupes ethniques ». Ce discours de la construction nationale recoupe largement l'idiome identitaire roumaniste[48].

À l'encontre des moldovénistes, les roumanistes peuvent casser le lien entre l'État, la nation et la langue. Le lien entre la langue et le peuple est nécessaire, le lien qui relie les deux à l'État est, certes, souhaitable, mais pas indispensable. L'union « spirituelle » prime sur l'unité politique[49]. Si l'idéal d'union avec la Roumanie reste l'aboutissement logique de ce discours, il s'est progressivement constitué en horizon, qui ne cesse de s'éloigner à mesure que l'on s'en approche. Dès lors, l'idée des « deux États roumains » permet de concilier la congruence rêvée et la séparation de fait. Non seulement l'« idée nationale roumaine » est complémentaire avec l'État moldave, mais elle en constitue le seul « passeport ethnique et historique » : « La RM sera roumaine ou ne sera pas du tout[50]. »

En ce qui concerne les minorités, il s'agit – comme en témoignent les programmes du Parti populaire chrétien démocrate (PPCD) et de l'Alliance notre Moldova (AMN) notamment – d'en assurer « l'intégration à la société, par le biais de la connaissance du roumain, de l'histoire et de la culture de la population majoritaire », mais aussi de « promouvoir le développement de leur culture ». Le but est de concilier la logique ayant présidé à la création de l'État (prééminence de la collectivité majoritaire) et celle qu'il est nécessaire d'adopter pour renforcer l'État et sa légitimité (organisation de la société telle qu'elle est, dans le respect des

48 Programme du PPCD, 1999, programme de l'Alliance Notre Moldova (AMN), 2003, sur le site : http://www.e-democracy.md/parties/.

49 Constantin TANASE, « À la croisée des chemins, notre histoire ne trouve pas de personnalités dignes des enjeux », *Flux*, 25 juin 1999.

50 ID., *Ochiul lui Esop*, *op. cit.*, p. 97 ; ID., *Hoții de mituri*, *op. cit.*, p. 83.

impératifs démocratiques). La langue roumaine, en sa qualité de langue publique, est le principal support d'intégration. Non négociable, sa connaissance est érigée en droit fondamental, notamment dans les programmes du PPCD.

Cet idiome majoritaire rencontre deux grands obstacles. Tout d'abord, le conflit sur la définition de la majorité, donc de la culture sociétale qu'elle propose comme vecteur d'intégration. C'est un projet d'intégration bâti sur un « antagonisme[51] ». Deuxième obstacle, la possibilité d'envisager une culture sociétale rivale, basée sur le russe, pour intégrer les minorités autres que russe.

L'idiome hybride

Le deuxième idiome national apparaît comme hybride dans la mesure où il veut concilier le principe majoritaire – la majorité étant définie ici comme moldave – et le principe multiculturel. Contrairement aux autres idiomes qui ne reconnaissent que des « fragments » de peuples, ce discours envisage la RM comme l'État national des Moldaves : « Les Moldaves sont la nation fondatrice de l'État moldave. […] Ils ont créé l'État moldave et lui ont donné leur nom[52]. » Cet idiome s'incarne aussi bien dans la Constitution de 1994 que dans la Conception de la politique nationale (CPN) de 2003[53].

Plusieurs échelles d'intégration sont envisagées. D'abord, la *statalitate* ou le pilier étatique : nous sommes tous citoyens de la RM, quelles que soient nos affiliations particulières. Ensuite, l'intégration à la nation moldave et notamment la

---

[51] Igor MUNTEANU, entretien avec l'auteur, 31 juillet 2003.

[52] Victor STEPANIUC, « Nous sommes tous citoyens de la RM, notre pays commun », *Moldova Suverană* [La Moldova souveraine], n° 22, 11 février 2004.

[53] *Constituția Republicii Moldova* (La Constitution de la RM du 29 juillet 1994), Chișinău, Moldpres, 2002, 64 p. ; « Loi sur l'adoption de la CPN », *Monitorul Oficial*, 1er janvier 2004.

connaissance du moldave. Autre pilier d'intégration, la « diversité ethnoculturelle » en tant que telle, à savoir la « tolérance et le respect des langues, cultures et religions » et la « paix interethnique »[54]. Faisant écho à l'idée soviétique d'un possible fleurissement et rapprochement simultané des cultures, l'intégration procéderait de la défense même des diversités. L'intégration suit une trajectoire descendante, de l'État vers la société, de la consolidation de la *statalitate* vers le renforcement de la société politique en passant par le développement de la culture moldave et des cultures d'autres groupes ethniques. À l'instar de l'idiome majoritaire, le discours hybride pose que tous les citoyens bénéficient des mêmes droits, la population majoritaire se voyant reconnaître néanmoins une prééminence, d'ordre symbolique (rôle fondateur) et fonctionnel (culture de société). À l'instar des idiomes minoritaires, il admet l'égalité en droit des citoyens, les populations minoritaires se voyant reconnaître des intérêts et octroyer des droits spécifiques : « Seules les personnes appartenant aux minorités nationales bénéficient de droits supplémentaires[55]. »

Cet idiome doit lui aussi faire face à divers obstacles. D'abord, des obstacles partagés avec l'idiome majoritaire, puisque les fondements ethnoculturel et étatique de l'intégration doivent eux-mêmes être consolidés. Ensuite, les obstacles que pose la volonté de concilier tous les vecteurs d'intégration, à la fois le moldovénisme, le civisme et le multiculturalisme. L'idéal de la compossibilité ne résiste pas à l'épreuve des faits, comme le montre l'écart entre la « base

54 CPN ; Programme du PDAM, 1997 ; Programme et Statut du PC, 1997, 2001, consultables sur le site : http://www.e-democracy.md/parties/ ; Alexei TULBURE, « La nation politique comme mécanisme d'intégration sociale », *in Procesele integraţioniste din RM* [Les processus intégrationnistes en RM], Vector Chişinău, 2000, 304 p., p. 103-107.

55 Alexei TULBURE, « L'identité des Moldaves de la RM », *Moldoscopie* (rus.), n° 18, 2002, p. 177-184.

juridique généreuse » et les limites de sa « mise en œuvre » que constate le Conseil de l'Europe dans le domaine de la politique nationale[56]. Les idéaux sont d'autant plus ambitieux que la réflexion sur leur concrétisation est faible. Élargissant l'horizon des attentes sans prévoir les moyens, donc les limites, de leur mise en œuvre, ce discours nourrit les frustrations qu'entretient l'écart entre la parole publique et les politiques. La largesse des engagements, parfois contradictoires, suppose que l'on n'a pas l'intention de les tenir, ou que l'on n'a pas la capacité d'en prévoir les aboutissements.

L'idiome multinational

On peut appeler multinational le troisième discours d'unité dans la diversité, qui envisage la RM comme un État multinational à majorité moldave. La construction nationale moldave a deux fondements : un fondement « de premier niveau » qu'est le moldovénisme et un fondement ultime de la cohésion sociale qu'est le multiculturalisme[57].

Schématiquement, le fondement moldovéniste peut se résumer comme suit : pour que l'exigence d'intégration soit légitime, il faut que les Moldaves restent Moldaves. Il s'agit donc d'une alliance avec les moldovénistes contre les roumanistes pour défendre la « souveraineté culturelle » des Moldaves. En toute logique, le roumanisme est dénoncé comme une double négation, des spécificités moldaves et du fait minoritaire : le roumanisme « se réduit à nier tout ce qui

---

[56] *Deuxième avis du Comité consultatif de la Convention-cadre pour la protection des minorités nationales (CCPMN) sur la Moldova,* adopté le 9 décembre 2004, Strasbourg, 24 mai 2004, ACFC/INF/OP/II(2004)004.

[57] Petr ȘORNIKOV, « Les horizons de l'idéologie du moldovénisme », *Mysl'*, n° 4, décembre 1999, p. 63-67 ; Nicolai VIZITEI, « L'idée nationale et le problème de l'identité civique », *in* Tatiana STOIANOV *et al.* (dir.), *Unitatea poporului…*, *op. cit.*, p. 25-59.

est moldave, tout ce qui est russe, polyculturel et multilingue, autrement dit, tout ce qui n'est pas roumain[58] ».

En ce qui concerne le fondement multiculturaliste de l'intégration, les tenants de ce discours notent qu'historiquement, la slavité, dont la langue russe est une composante essentielle, a joué un rôle majeur dans la définition de la moldavité. Dès lors, tout projet d'avenir viable doit accentuer le rôle des minorités : l'« idée nationale » moldave est indissociable des « intérêts des groupes ethniques » ; la « nation politique se construit sur la base d'un accord entre les groupes ethniques[59] ». L'intégration suppose d'assurer l'égalité en droit non pas uniquement de tous les citoyens mais de « toutes les nationalités[60] ».

Ainsi, les minorités apparaissent comme une « ressource qui permet de perpétuer l'État moldave[61] ». Elles représentent ce facteur permettant d'envisager un peuple de la RM qui « diffère significativement des constructions voisines[62] » et « n'est comparable à aucun autre peuple[63] ».

---

58 Tatiana MLECICO, « Post-scriptum au polylogue », *Kišinevskije Novosti* [Les nouvelles de Chişinău], 19 septembre 2003.

59 Tatiana STOIANOV, « Le problème du polylinguisme et de l'éducation interculturelle dans le système d'enseignement moldave », *in* EAD. *et. al.* (dir.), *Unitatea poporului…*, *op. cit.*, p. 12-13 ; Alla SKVORTOVA, « Les modèles d'État polyethnique : les options pour la Moldova », *in Consolidation étatique et identité nationale*, Séminaire UniDem, Chişinău, 4-5 juillet 2003, CDL-UD, 2003(2), Strasbourg, 15 juillet 2003.

60 Déclaration de programme du mouvement Edinstvo (Unité), *Edinstvo*, 28 décembre 1998.

61 Petr ŞORNIKOV, art. cité, p. 67.

62 Ivan GREC, « Les relations interethniques en Moldova », *Mysl'*, n° 4, décembre 1999, p. 8-74, p. 74.

63 Andrei SEMENOV, « Que l'orchestre joue en harmonie », *Kišinevskije Novosti*, 15 août 2003.

L'idiome polyethnique

Le quatrième idiome d'unité dans la diversité, que l'on peut appeler polyethnique, envisage la RM comme un État commun, un toit commun : « La RM est la maison des nationalités[64]. » L'« État civique » se réduit à « une patrie pour tout le monde » : « Le peuple, c'est chacun[65] ».

Cet idiome récuse toute division en majorité et minorités, et notamment le terme « titulaire » ou le syntagme « nation fondatrice »[66]. Il rejette toute perspective d'intégration et exige une citoyenneté égale non conditionnelle. La conscience d'un destin partagé est assurée par la simple coexistence au sein d'un même État, par « un ciel unique et une terre commune[67] ».

L'idiome bipolaire

Le projet russophone est le cinquième et dernier grand discours d'unité dans la diversité. Il envisage une intégration bipolaire autour de la majorité et de la minorité russe dominante, fédérant les autres minorités comme autant d'auxiliaires. L'ambition d'intégrer tous les citoyens autour de la culture de la majorité peut être un « idéal » légitime, mais la russophonie aurait l'avantage de puiser dans la « réalité »[68]. Cette réalité concerne, d'abord, la situation de bilinguisme posé comme « une évidence ». Elle renvoie,

---

[64] Tatiana MLECICO, « Pour moi, la Moldova est la maison des nationalités », *Kišinevskije Novosti*, 25 mai 2001.

[65] Tatiana JOSAN, « Le long chemin vers le foyer », *Mysl'*, n° 3, octobre 1999, p. 77-79, p. 78.

[66] Victor RAZUMOV, « Dites un mot en faveur des russophones ! » *Kommersant Pljus* [Commerçant plus], n° 27, 18 juillet 2003 ; Leonid MIAGKOV, *Obščina* [La communauté], n° 5, 30 avril 2003.

[67] Tatiana MLECICO (éd.), *Departamentul Relații interetnice al RM : Documente, date, fapte, comentarii* [Le Département des relations interethniques de la RM : documents, données, faits, commentaires], Chișinău, Cartea Moldovei, 2003, 232 p., p. 5.

[68] Tatiana MLECICO, entretien avec l'auteur, 8 septembre 2003.

ensuite, au « penchant » vers le russe des populations minoritaires autres que russe.

Quels sont les contours de la russophonie ? Commençons par considérer quelques chiffres sur la connaissance et la pratique des langues.

La situation linguistique selon le recensement de la population de 1989 (RSSM)

	Rétention de la langue maternelle * %	Moldave comme langue maternelle %	Russe comme langue maternelle %	Moldave comme langue seconde %	Russe comme langue seconde %
Moldaves	95,4	95,4	4,3	1,7	53,3
Ukrainiens	61,6	1,6	36,7	12,8	43,0
Russes	99,2	0,6	99,2	11,2	0,6
Gagaouzes	91,2	1,1	7,4	4,4	72,9
Bulgares	76,5	2,4	18,1	6,9	68,3
Juifs	25,9	0,8	72,9	15,2	23,1
Tsiganes	82,0	13,5	3,6	30,6	41,9

* Langue coïncidant avec l'affiliation ethno-nationale déclarée.

Globalement, en 1989, le russe est la langue maternelle et seconde pour 68,5 % de la population et le moldave, pour 65 % de la population.

La situation linguistique selon le recensement de la population de 2004 (RM hors la région transnistrienne)

Données sur la langue maternelle

	Rétention de la langue maternelle %	Moldave comme langue maternelle %	Roumain comme langue maternelle %	Russe comme langue maternelle %
Moldaves	78,4	78,4	18,8	2,5
Roumains	97,3	1,5	97,3	0,8
Ukrainiens	64,1	2,9	0,8	31,8
Russes	97,2	1,6	0,7	97,2
Gagaouzes	92,3	0,8	0,2	5,8
Bulgares	81	3,2	1	13,9
Total	78,8	60	16,5	11,2

Données sur la langue parlée usuellement, au quotidien

	Le moldave %	Le roumain %	Le russe %	Le roumain et le moldave %
Moldaves	76	18,5	5	94,5
Roumains	2,2	95,4	2,1	97,6
Ukrainiens	6,3	1,5	50	7,7
Russes	4,4	1,4	93	5,8
Gagaouzes	1,9	0,4	27,4	2,3
Bulgares	7,1	1,6	35,4	8,7
Total	58,8	16,4	16	75,2

Retenons que pour 78,8 % de la population, la langue maternelle (la première langue apprise pendant l'enfance) coïncide avec la langue de la « nationalité » [69]. Le russe est la

[69] Ce terme est cité entre guillemets lorsqu'il désigne, comme c'est souvent le cas dans le contexte moldave, l'affiliation ethnoculturelle et non pas le rattachement civico-politique.

langue maternelle de 11 % de la population et 16 % le déclarent comme langue parlée usuellement. Si l'on additionne le moldave et le roumain, la langue de la majorité est la langue maternelle de 76,5 % de la population et la langue parlée usuellement par 75,2 % de la population.

Pour cerner une collectivité russophone, les tenants de la russophonie oscillent entre les connotations ethniques « denses » et une dimension « purement » linguistique. En effet, la connaissance du russe peut renvoyer à une simple compétence linguistique, comme impliquer de vrais choix de société, voire des choix géopolitiques. Ainsi, la russophonie comme « phénomène politique » n'émerge que dans les années 1990 pour perpétuer le « confort » linguistique des russophones, de cette « collectivité d'individus de diverses origines ethniques qui préfèrent le russe dans leur activité professionnelle, sociale et politique, comme dans la vie culturelle[70] ».

Quoi qu'il en soit, la collectivité russophone est composée d'un noyau dur, à savoir la population dont le russe est la langue maternelle, et d'une palette plus ou moins large d'individus qui « s'orientent prioritairement vers le russe » au quotidien. Certains, comme Tatiana Mlecico, vont dissoudre la russité dans la russophonie : ainsi, les Russes ethniques sont des russolingues parmi d'autres. D'autres, comme Piotr Şornikov, inscrivent les russophones dans une « communauté russe » qui dépasse la « russité selon le passeport »[71].

[70] Alla SKVORTOVA, « Avec l'appui de l'identité politique », *Kišinevskije Novosti*, 11 juillet 2003.

[71] Tatiana MLECICO, *Vne Rossii* [Hors de la Russie], Chişinău, Académie des sciences/Kišinevskaja obščina rossijan, 1997, 231 p., p. 6, 128 ; EAD., *Byt' ili ne byt' ?* [Être ou ne pas être ?], Chişinău, Inessa, 1999, 312 p., p. 207 ; Petr ŞORNIKOV, *Pokušenije na status* [Attentat contre le statut], Chişinău, Inessa, 1997, 235 p., p. 21-22, 130-131.

Dans une logique du fait accompli, la définition d'une collectivité russophone sert à promouvoir le projet de la russophonie, qui serait un « modèle civique » déjà là. Or, bien évidemment, il n'y a aucun lien prédéfini entre une situation et un projet d'avenir. En face, les tenants de l'idiome majoritaire répondent que la russophonie est un fait de volonté et non pas de nature : un « charo-linguisme[72] » (*i.e.* bilinguisme imposé par les chars) ayant favorisé une population minoritaire au détriment de la majorité comme des autres minorités. Historiquement injuste, la russophonie est en outre inacceptable dans les conditions du nouvel État indépendant. En effet, au-delà des considérations historiques, la situation de non-réciprocité dans la connaissance des langues est problématique. C'est cet état de bilinguisme dit asymétrique ou unilatéral qui rend nécessaire le monolinguisme institutionnel. Si tous étaient prêts à connaître les deux langues, l'institutionnalisation du bilinguisme ne serait ni problématique, ni nécessaire. En l'état, envisager une langue pour la majorité et une autre langue publique « pour les minorités[73] » ne laisse aucune fonction intégrative à la langue de la majorité.

Plus fondamental, comment communiqueront les deux blocs linguistiques ? La perspective du russe comme « deuxième langue d'État » présuppose la connaissance et la pratique du russe par les locuteurs du roumain. Étant donné le « monolinguisme des minorités nationales », c'est « le bilinguisme des Moldaves » qui rend possible la communication[74]. À l'évidence, pour perpétuer cette situation, il faut que les bilingues acceptent d'assurer le lien avec les monolingues. Comme le note Harald Weydt : « Deux interlocuteurs, A et B, doivent communiquer. Celui

[72] Alexandru GROMOV, « Bilinguisme linguocide », *Limba Română* [La langue roumaine], n° 5-6, 1994, p. 144-148.

[73] Alla SKVORTOVA, « Avec l'appui de l'identité politique », art. cité.

[74] Petr ŞORNIKOV, *Pokušenije na status*, *op. cit.*, p. 29, 35.

qui accepte de parler la langue de l'autre perd la partie[75]. » Pour être légitime, le bilinguisme institutionnel doit savoir éviter toute situation de « frustration linguistique[76] » où les locuteurs qui l'adopteraient auraient la conscience d'un préjudice porté à leur langue première.

En définitive, la russophonie participe de la compétition entre deux cultures sociétales pour l'intégration des minorités autres que russe. Selon les tenants du discours majoritaire, c'est le nombre qui doit déterminer le poids et les mesures. Et seul le critère de la langue maternelle (qui correspond à la langue de la « nationalité ») peut générer des droits et fonder des institutions. Il est donc parfaitement légitime de diviser le « monolithe russolingue » en « composantes ethnoculturelles »[77].

Quid des minorités autres que russe ? Les défenseurs de la culture publique russophone envisagent la russophonie comme un service rendu aux minorités non russes, puisque les Russes y ont droit y compris en tant que minorité nationale. En réalité, la situation est plus complexe. L'adhésion des minorités à la russophonie est incontestable, mais comme le relève le Conseil de l'Europe, les minorités tendent aussi à exprimer un attachement à la langue de leur « nationalité » et à opter pour la langue d'État comme langue d'enseignement[78].

Plusieurs facteurs confortent la perspective minoritaire *versus* celle des blocs linguistiques, dont la codification

---

[75] Harald WEYDT, « The Principle of Equal Effort and its Role in Language Conflicts », *Éducation et sociétés plurilingues*, n° 3, 1997, p. 69-79, consultable sur le site : www.cebip.com.

[76] Eugen COSERIU, « Altérité, tolérance et masochisme », *Revista de lingvistică și știință literară* [Revue de linguistique et de science littéraire], n° 3, mai-juin 1997, p. 87.

[77] Anatol ȚARANU, entretien avec l'auteur, 13 août 2003.

[78] *Deuxième avis du Comité consultatif de la CCPMN sur la Moldova, op. cit.*, p. 28, 33.

internationale des droits minoritaires qui concerne les minorités nationales[79], les processus de construction identitaire au sein des minorités, ainsi que l'ethnicisation de la minorité russe qui fait obstacle à la russophonie comme vecteur de transcendance des affiliations particulières et d'intégration.

Comment faire société ?

Pour conclure, il est difficile de « substantifier » l'idée nationale sans accord sur la bonne vision des divisions, sur les identités collectives pertinentes et sur les délimitations qui font sens. Comme le notait le Conseil de l'Europe, « la démarche identitaire, aussi bien de la majorité que des communautés minoritaires, n'est pas achevée[80] », ce qu'illustre aussi bien le clivage qui divise la majorité que les désaccords sur le critère adéquat pour définir le fait minoritaire.

On est face à un « cumul critique des défis », pour reprendre un concept de Stein Rokkan[81], puisque tous les vecteurs d'intégration sont minés. Telle la culture publique : comment rendre normative une culture publique qui est l'objet de contestations ? Autre facteur d'intégration, la présence d'un État et d'une société de coexistence. Cependant, le destin commun est souvent vécu comme une triste fatalité, ce dont témoigne la perception d'un peuple réuni par hasard dans un canot de sauvetage, ou encore, d'un « ramassis de misérables

---

[79] *Convention-cadre pour la protection des minorités nationales* (CCPMN), n° 157 et rapport explicatif, [1995], Conseil de l'Europe, Strasbourg, 1998.

[80] *Avis du Comité consultatif de la CCPMN sur la Moldova*, adopté le 1er mars 2002, Strasbourg, 15 janvier 2003, ACFC/INF/OP/I(2003)002.

[81] Stein ROKKAN, « Dimensions of State Formation and Nation-Building », *in* Charles TILLY (dir.)., *The Formation of National States in Western Europe*, Princeton, Princeton University Press, 1975, 711 p., p. 562-600.

dans le pays le plus pauvre d'Europe[82] ». Qui plus est, le clivage territorial avec la sécession transnistrienne entretient l'ambiguïté des contours d'une nation civique moldave, tout comme la possibilité d'envisager des alternatives comme le projet d'union avec la Roumanie.

Le multiculturalisme est un autre vecteur d'intégration, mais un abîme sépare le multiculturalisme du constat du projet multiculturaliste. La reconnaissance d'hétérogénéité sociale n'appelle pas par définition le multiculturalisme. La référence à la situation n'est pas normative en tant que telle. Comme le note Tzvetan Todorov : « Que les faits soient comme ils le sont ne prouve qu'une chose : que telle a été la volonté du plus fort[83]. » Le principe multiculturel est fragilisé par la présence d'une majorité comme par la tension entre la perspective bipolaire (selon le critère de la langue publique) et polyethnique (selon le critère de l'affiliation ethnoculturelle).

Considérée, à l'instar de la « nationalité », comme un marqueur identitaire quasi héréditaire, l'affiliation religieuse de la population dans sa diversité à l'orthodoxie[84] figure également parmi les vecteurs possibles d'intégration. Cependant, le différend canonique et institutionnel qui oppose l'Église métropolitaine de Moldova, rattachée au Patriarcat de Moscou, et l'Église métropolitaine de Bessarabie, subordonnée au Patriarcat de Bucarest, conforte le doute sur un possible rôle unificateur de l'Église, en dépit des affiliations religieuses partagées.

L'Europe est très souvent évoquée comme but supérieur permettant de souder la société. Cependant, un processus

---

82 Olga BEREZOVSKAJA, « Sur la double nationalité », *Kommersant Moldovy* [Le commerçant de la Moldova], 6 décembre 2002.

83 Tzvetan TODOROV, *Nous et les Autres*, Paris, Seuil, 1989, 453 p., p. 40.

84 Lors du recensement de 2004, 93,3 % des répondants se déclarent orthodoxes, environ 1 % baptistes, 0,4 % adventistes, 0,3 % pentecôtistes.

d'intégration régionale suffit-il à consolider une société politique désintégrée de l'intérieur ? Qui plus est, le désir d'Europe n'est pas partagé, comme le montre le vote ethnique antieuropéen ou des épisodes comme le référendum de 2014 au sein de la région autonome gagaouze, où c'est l'adhésion à l'Union douanière Russie-Biélorussie-Kazakhstan qui a été plébiscitée.

Dès lors, comment s'assembler ? Les Moldaves sont une collectivité relativement peu nombreuse, mais leur nombre dépasse les 150 personnes, ce fameux nombre de Robin Dunbar au-delà duquel les relations immédiates et informelles ne suffisent plus au lien social[85]. Ils ont donc besoin de croyances partagées pour pouvoir agir collectivement.

On peut supposer que la pluralité même des idiomes identitaires et nationaux permet de perpétuer un certain équilibre des principes d'intégration et des projets politiques. Pour reprendre un terme de Jürgen Habermas et Charles Taylor, la « conversation nationale[86] » apparaît comme une forme possible de lien social. Un lien qui se tisse dans un cadre commun où s'expriment les conflits et se négocient les accommodements, en fonction de rapports de force, certes, mais qui ne sont pas rigides.

---

[85] Robin DUNBAR, *How Many Friends Does One Person Need? Dunbar's Number and Other Evolutionary Quirks*, Londres, Faber, 2010, 302 p.

[86] Cf. notamment Jürgen HABERMAS, *L'Intégration républicaine : Essais de théorie politique*, Paris, Fayard, 1998 (1re éd. en allemand 1996), 386 p., p. 91-92 ; Will KYMLICKA, « Social Unity in a Liberal State », *Social Philosophy and Policy*, vol. 13, nº 1, 1996, p. 105-136, p. 134 ; ID., *Politics in the Vernacular: Nationalism, Multiculturalism, and Citizenship*, Oxford, Oxford University Press, 2002, 383 p., p. 117.

Retour sur un casse-tête sociolinguistique

Nicolas TRIFON

Auteur avec Matei Cazacu de deux livres sur la Moldavie, en 1993 – donc peu après la fin de la guerre en Transnistrie – et en 2010 – au lendemain de la chute du système Voronine[1] –, j'ai été assez souvent amené à intervenir pour essayer de répondre aux questions que l'on pouvait se poser sur ce pays à l'occasion de crises qu'il traversait. Aujourd'hui, en attendant la fin annoncée de la gouvernance de partis dits pro-européens, je ne me sens plus à même de me lancer sur cette voie[2]. Aussi ai-je décidé de revenir ici sur une question

[1] Président de la République entre 2001 et 2009, Vladimir Voronine a dominé le paysage politique moldave et, à la tête de « son » Parti des communistes de la République de Moldavie, a verrouillé en quelque sorte les institutions clefs du pays pendant toute cette période.

[2] Entre le moment où ce colloque a eu lieu, le vendredi 3 juin 2016, et celui où je revois la copie avant d'envoyer ma communication aux éditions L'Harmattan, fin novembre de la même année, bien des changements sont intervenus et un président de la République favorable à Moscou vient d'être élu. En ce qui me concerne, j'ai été amené à rédiger une nouvelle postface pour la deuxième édition du livre de 2010, *Un État en quête de nation, la République de Moldavie*, sur le thème « 2009-

qui m'a toujours passionné, à savoir l'embarras dans lequel on se trouve dès lors que l'on envisage une solution politique au casse-tête que soulève la configuration sociolinguistique propre à ce pays. Précisons, pour éviter toute confusion, que le « on » se réfère avant tout à l'observateur extérieur. Sur place, cette configuration ne constitue pas nécessairement un problème. Elle le devient dès lors qu'il y a crise majeure et que des pressions extérieures se manifestent pour imposer une solution tranchée.

Au risque de choquer certains, j'attaquerai le sujet par le biais d'un petit exercice d'introspection. Qu'est-ce qui m'a conduit à m'intéresser à la Bessarabie, à la République de Moldavie, dans un cadre sans rapport avec un cursus universitaire ou avec un programme de recherche institutionnel ?

Je n'avais pas de lien particulier avec ce pays. On en parlait peu à l'époque communiste en Roumanie. Officiellement tabou en ce temps, le sujet était plutôt marginal dans les préoccupations des gens et traité de haut. Je me souviens d'une blague qui circulait dans les années 1970 à ce propos :

> L'institutrice demande un exemple de pays tropical. Un élève répond : « Madagascar ! », très bien, un autre : « Cuba ! », excellent, enfin un troisième, un peu lourdingue, pas très malin, Boulă, répond : « Republica Moldova ! » « Pourquoi donc ? » « Eh bien, quand mes cousins de Chişinău nous rendent visite en hiver ils chaussent des tennis ! » [Il s'agissait des chaussures les moins chères en ce temps en Roumanie.]

Autre souvenir, plus personnel celui-ci : ma mère m'a raconté une fois comment à la veille de la guerre, au

---

2016, les rendez-vous manqués de la démocratie ». La traduction en roumain du livre paraîtra au cours de l'année 2017 aux éditions Cartier de Chişinău.

baccalauréat je pense, on lui avait posé la question suivante : « Combien de ponts y a-t-il sur le Dniestr ? » Ne sachant quoi répondre, elle a dit avec aplomb : « Comment savoir, nous n'avons pas de relations avec l'Union soviétique ! » En phase vraisemblablement avec l'esprit « Grande Roumanie » qui prévalait en ce temps, le jury a beaucoup apprécié cette réponse, m'a-t-elle confié, fière de son exploit.

En cherchant bien, je trouve tout de même un lien avec la Bessarabie et je pourrais citer un personnage qui m'a longtemps intrigué et qui aura joué un certain rôle dans mon rapport à la Moldavie. Il s'agit de Zamfir Ralli-Arbore (1848-1933), dont j'ai entendu parler pour la première fois dans des circonstances assez particulières. Peu après mon arrivée en France, j'ai fait part à Georges Haupt (1928-1978) de mon intérêt pour les mouvements de gauche non communistes (socialiste et anarchiste) en Roumanie avant la guerre. « Quelle gauche, cela n'existe pas, oublie cela s'agissant de ce pays ! » m'a-t-il fait savoir excédé, puis, au bout d'un certain temps, il a fini par me suggérer une piste en m'indiquant le nom de Zamfir Ralli-Arbore. Issu d'une famille de boyards d'ascendance grecque, ukrainienne et roumaine[3], ce

[3] Lucian Boia insiste sur les origines étrangères de Zamfir Ralli-Arbore, en rappelant qu'il se présentait comme roumain, alors qu'il venait d'une famille russifiée d'origine davantage grecque et ukrainienne que roumaine. Cf. Lucian BOIA, *Germanofilii: elita românească în anii primului război mondial* [Les germanophiles : l'élite roumaine pendant les années de la Première Guerre mondiale], Bucarest, Humanitas, 2009, 375 p., p. 143. Surpris par cette insistance, je me suis rappelé qu'il m'était plus d'une fois arrivé d'apprendre que tel interlocuteur moldave se présentant comme patriote roumain était issu d'une famille aux origines diverses, la même chose étant valable pour ceux qui se disaient juifs ou russes ou encore allemands. De surcroît, la non-concordance entre le nom de famille et la nationalité revendiquée et même assumée, situation qui se présente assez souvent en Moldavie, ne semble pas affecter outre-mesure les Moldaves. Autrement dit, le fait d'« être » ou plutôt de (se faire) passer pour roumain, juif, russe ou allemand peut relever d'un choix motivé par une large gamme de facteurs.

personnage fut mêlé à des activités révolutionnaires du temps de ses études à Moscou, puis disciple d'Élisée Reclus et de Mikhaïl Bakounine, secrétaire de ce dernier en Suisse. En 1877, il s'est installé en Roumanie où il a publié en 1898 un ouvrage remarquable, *La Bessarabie au XIXe siècle*[4], couronné d'un prix de l'Académie roumaine. En 1914, craignant comme Constantin Stere l'autocratie tsariste, il s'est prononcé pour l'entrée en guerre aux côtés de l'Allemagne. Pour revenir à mes entretiens avec Georges Haupt, je devrais rappeler que, un an après, cet historien (1928-1978) né en Roumanie, déporté à Auschwitz à 16 ans, formé en URSS avant de revenir en Roumanie puis d'émigrer en Israël en 1958, est mort subitement et, pour ma part, dissuadé par ses propos, j'ai abandonné mes recherches dans ce domaine, l'actualité politique française étant autrement passionnante.

Cela étant dit, une chose est certaine, mon entourage avait de quoi être intrigué par mon intérêt subit pour l'ancienne Bessarabie à la fin des années 1980 : en effet, j'ai toujours été sensible surtout aux questions sociales, allergique au nationalisme et, contrairement à nombre de personnes de ma génération socialisées en Roumanie, je n'ai jamais éprouvé de réelle aversion pour le monde russe. Sans chercher à cultiver le paradoxe, je dirais que ce sont justement ces raisons qui sont à l'origine de ma démarche et qui m'ont motivé pendant les années qui ont suivi. Il est vrai que mon agacement devant le nationalisme peut aussi s'expliquer, tout au moins en partie, par le fait que j'appartenais moi-même à une minorité, ce qui m'a toujours rendu particulièrement attentif à la problématique nationalitaire.

Au départ, la lassitude devant la dynamique plutôt décevante qui a suivi l'implosion des régimes communistes, surtout en

---

[4] Zamfir ARBORE, *Basarabia în secolul XIX* [La Bessarabie au XIXe siècle], Bucarest, Institutul de arte grafice Carol Göbl, 1898, 790 p.

Roumanie, a dû jouer un certain rôle dans l'attention que j'ai accordée à ce sujet. Inattendus et vaguement apparentés au « printemps des peuples » de 1848, les événements de Chişinău en 1989-1991 ont déclenché en France une levée de boucliers, tant de la part de ceux qui y voyaient le retour de nationalismes d'un autre âge, que de ceux horrifiés devant l'éventualité de nouvelles menaces pour l'ordre du monde. Les uns et les autres avaient de surcroît tendance à traiter par-dessus la jambe ces nouveaux venus dans l'Histoire. Ne voulant pas en rester là, je me suis adressé à Matei Cazacu qui a bien voulu s'atteler à la rédaction d'une « Histoire de la Bessarabie ou Moldavie orientale » à l'usage du public francophone… Avant de procéder à l'édition de ce texte, j'ai écrit à mon tour une introduction au mouvement en cours en République de Moldavie qui allait être plus longue que prévu, mon but étant de prendre davantage de distance vis-à-vis du traitement traditionnel de la question dans l'historiographie nationale roumaine et d'insister sur le caractère insolite du mouvement. Un livre est ainsi né : *La Moldavie ex-soviétique : histoire et enjeux actuels*[5]. Il est paru dans la série « Cahiers d'Iztok », *Iztok* étant la revue libertaire sur les pays de l'Est à laquelle j'avais collaboré tout au long des années 1980 et qui traitait surtout de l'opposition ouvrière et des dissidences. Le cahier comportait en deuxième partie une contribution sur un tout autre sujet qui me tenait à cœur et que j'avais rédigée dans la foulée : « Les Aroumains, un cas de figure national atypique ».

Après la parution du livre, mon intérêt pour le chassé-croisé entre russophones et roumanophones m'a conduit à regarder de plus près du côté de la langue, ce qui a donné lieu à plusieurs études[6] réunies dans le chapitre intitulé « Guerre et

---

[5] Matei CAZACU, Nicolas TRIFON, *La Moldavie ex-soviétique : histoire et enjeux actuels*, Pantin, Acratie, 1993, 271 p.

[6] Une première étude sur ce thème est parue dans un ouvrage collectif : Nicolas TRIFON, « La langue roumaine au cœur de la problématique de reconstruction nationale de la République de Moldavie », *in* Wanda

paix des langues sur fond de malaise identitaire » d'un nouveau livre, *Un État en quête de nation : la République de Moldavie*, paru aux éditions Non Lieu en 2010[7].

Rétrospectivement, je dirais que, dès le début, ma motivation devait être aussi, d'une certaine façon, d'ordre identitaire puisque la deuxième partie du livre paru en 1993 était consacrée à une petite minorité des Balkans dont je suis moi-même issu. Cependant, pour moi, s'agissant de l'ancienne république soviétique, l'identité en question n'était pas nationale (roumaine) ni ethnique (aroumaine) mais bel et bien sociale et, par la force des choses, politique. Politique, parce que ma démarche se voulait compréhensive à l'égard des problèmes rencontrés par des pans entiers de la population moldave cherchant à échapper à une condition jugée subalterne. Il y avait aussi un aspect moral peut-être, la question à laquelle je cherchais une réponse étant de savoir dans quelle mesure on pouvait réparer une injustice sans en générer une autre. Or tous ces problèmes tournaient en République de Moldavie autour de la langue ou plutôt des langues, du discours sur elle(s), du statut de chacune d'entre elles, de leur apprentissage, de leur transmission, de leur place au sein des institutions, du comportement de leurs locuteurs, etc.

La langue et la culture des Moldaves selon Irina Livezeanu

Si à Bucarest et même à Moscou, parfois, on pouvait par exemple se gausser des différences, souvent artificielles,

---

DRESSLER (dir.), *Le Second Printemps des nations : sur les ruines d'un Empire, questions nationales et minoritaires en Pologne (Haute-Silésie, Biélorussie polonaise), Estonie, Moldavie, Kazakhstan*, Bruxelles, É. Bruylant, 1999, 458 p., p. 257-281.

[7] Matei CAZACU, Nicolas TRIFON, *Un État en quête de nation : la République de Moldavie*, Paris, Non Lieu, 2010, 448 p.

entre les langues moldave et roumaine mises en avant par l'idéologie bolchevique, la question des langues en République de Moldavie et en règle générale dans l'espace soviétique n'attirait pas particulièrement l'attention des chercheurs à la veille de la manifestation au grand jour des tensions et des conflits qui vont émailler la fin des années 1980. Il n'y a pas eu de tentative de russification de la part des autorités soviétiques en Moldavie soviétique, estimait Irina Livezeanu dans son étude sur l'urbanisation et le changement linguistique parue en 1981 dans *Soviet studies*, aux États-Unis : « Elles [la langue et la culture des Moldaves] continuent d'être soutenues tant par les politiques culturelles que par les institutions soviétiques[8] », écrivait-elle. Sa conclusion est aussi celle d'autres chercheurs, tel Richard Pipes. Selon celui-ci, le fait qu'il n'y ait pas eu passage d'une langue à l'autre chez les membres des nations périphériques apportait un démenti à ceux qui avaient prévu leur dissolution imminente dans une seule nation soviétique[9]. Certes, le souhait de nombreux Moldaves d'apprendre le russe, surtout parmi ceux d'un niveau d'études plus élevé, a grandi avec l'urbanisation et les nouvelles exigences dans le monde du travail, écrivait Irina Livezeanu. Mais cela ne veut pas dire, poursuivait-elle, que leur allégeance à la nationalité moldave en souffrira. Plus impliquées dans les tâches domestiques, les femmes moldaves sont moins bilingues que

[8] Irina LIVEZEANU, « Urbanization in a Low Key and Linguistic Change in Soviet Moldavia », 2e partie, *Soviet Studies*, vol. 33, n° 4, octobre 1981, p. 573-592, p. 584. Née en 1952 à Bucarest, Irina Livezeanu publiera plus tard, en 1995, un livre de référence sur le rôle de l'antisémitisme dans la culture politique de la Grande Roumanie : EAD., *Cultural Politics in Greater Romania: Regionalism, Nation Building, and Ethnic Struggle, 1918-1930*, Ithaca, Cornell University Press, 1995, 340 p.

[9] Richard PIPES, « The Forces of Nationalism », *Problems of Communism*, vol. 13, n° 1, 1964, p. 6.

les hommes (25,9 % contre 42,9 %), suggérait-elle en guise d'argument[10].

À contre-courant, Michael Bruchis

En 1982, donc à peine un an après la sortie du numéro de *Soviet Studies*, paraît aux États-Unis le livre de Michael Bruchis, un ancien chercheur à l'Institut d'histoire du parti communiste à Chişinău, qui venait d'émigrer en Israël. À partir de la situation moldave, il y traite de la dégradation des langues autres que le russe parlées sur le territoire de l'Union soviétique. Sa conclusion est sans appel :

> « La conversion de ces idiomes en langues au sens plein du terme, c'est-à-dire remplissant des fonctions sociales élargies et étendues, n'est pas exclue. Les exemples ne manquent pas, à commencer par la renaissance, pendant les premières années du pouvoir soviétique, de bien des langues marginalisées par la russification sous l'Empire russe. Mais, pour qu'une telle reconversion puisse avoir lieu, il faut qu'il y ait, comme lors de l'effondrement de l'autocratie tsariste, un saut historique qualitatif qui change fondamentalement le régime soviétique. Sans un tel saut, toutes les langues autres que le russe de l'URSS peuvent s'attendre à une inévitable disparition de la surface de la terre[11]. »

Intrigué par le contraste entre le traitement de la question chez ce chercheur et celui de ses confrères anglo-saxons j'ai cherché à aller plus loin. La position des derniers est compréhensible jusqu'à un certain point : les nations

---

[10] Irina LIVEZEANU, art. cité, p. 585.

[11] Michael BRUCHIS, *One Step Back, two Steps Forward: On the Language Policy of the Communist Party of the Soviet Union in the National Republics (Moldavian : a Look Back, a Survey, and Perspectives, 1924-1980)*, Boulder, Colo., East European Monographs, New York, Columbia University Press, 1982, 371 p., p. 314.

n'avaient pas été abolies en URSS – pas plus d'ailleurs que les classes sociales –, comme le proclamait au départ le projet communiste et comme le dénonçaient les ténors de l'anticommunisme, mais de là à conclure au caractère équitable de la politique linguistique soviétique, il y avait une distance qu'il valait mieux s'abstenir de parcourir. En tout cas, aux yeux des universitaires nord-américains des années 1980, Michael Bruchis devait apparaître comme une sorte d'illuminé. L'histoire lui donnera cependant raison. Les données statistiques sur lesquelles s'appuyait Irina Livezeanu étaient sans doute correctes, sa démonstration cohérente, mais ses conclusions contestables parce qu'elle faisait l'impasse sur la langue moldave dans ses rapports au roumain et sur le fonctionnement du bilinguisme « heureux », selon l'expression en vigueur en ce temps en URSS, mais unilatéral dans les faits.

La figure du stalinien, une cible commode

Les causes de ces défaillances de la roumanophonie en République de Moldavie sont multiples. Les tentatives de fabrication d'un peuple et d'une langue moldaves à partir de 1924 dans le cadre du laboratoire transnistrien en font partie sans être les seules pour autant. Hier comme aujourd'hui, en République de Moldavie comme auparavant en Bessarabie, le poids de la russophonie ne saurait être expliqué par la seule emprise soviétique. Le week-end précédant la journée d'études « Moldavie : repères et perspectives » du 3 juin 2016, au colloque sur la presse des minorités ethniques organisé à l'Université du Bas Danube de Galaţi les 27 et 28 mai 2016, Silvia Grossu revenait sur le fait qu'en Bessarabie, pendant l'entre-deux-guerres roumain, les personnes de langue maternelle russe ne constituaient qu'une partie du lectorat de la presse en langue russe. Plus vivante, plus critique aussi, celle-ci était préférée aux journaux roumains non seulement par les membres des autres minorités, mais aussi par de nombreux Moldaves de langue roumaine, faisait-elle remarquer dans sa contribution consacrée au « Discours identitaire de la presse russe en Bessarabie ».

Rétrospectivement, on retient de ces tentatives de fabrication d'un peuple et d'une langue moldaves surtout les exagérations ridicules et les contradictions flagrantes. Ce passé n'est cependant qu'en partie révolu. En effet, les expérimentations en matière d'ingénierie de la langue menées par des linguistes soviétiques dans les années 1920-1930 demeurent une référence, bien que non avouée, pour les adeptes actuels du courant moldovéniste. Par ailleurs, ces mêmes expériences, qui pour certaines s'inspiraient d'idées d'avant-garde, ont fait récemment l'objet d'une réévaluation dans la perspective de la modernité dont leurs auteurs procédaient[12]. Je me contenterai donc ici d'une remarque sur le jugement que l'on porte d'ordinaire sur les principaux acteurs de cette période trouble. Il s'agit de ceux que l'on appelle les staliniens et qui ont effectivement agi pendant la période allant de l'ascension de Staline à sa mort en 1953 et à la condamnation de sa politique en 1956. La figure du stalinien, une fois détachée de l'État au service duquel se sont mis ceux qui l'ont incarnée, devient une cible commode dont on a beaucoup abusé. En parlant d'État, je me réfère ici au pouvoir d'État, à la stratégie de l'État, en l'occurrence bolchevique, c'est-à-dire d'inspiration communiste, qui pour se reproduire est amené à s'adapter aux situations les plus diverses sans égard pour les dégâts qui s'ensuivent. Cette figure du stalinien est pour beaucoup dans l'antisémitisme des catacombes, dans le sens où l'on parle aussi d'une Église des catacombes, qui a fleuri à l'Est à la veille, mais aussi après (et malgré) les massacres perpétrés par les nazis et leurs

---

[12] Tel est le cas d'Oleg Bernaz dans son livre *Identité nationale et politique de la langue : une analyse foucaldienne du cas moldave*, Bruxelles, Peter Lang, 2016, 288 p. Dans cet ouvrage issu de sa thèse soutenue le 23 mai 2015 à l'Université catholique de Louvain, les conséquences concrètes de ces expérimentations ne sont cependant à aucun moment prises en compte.

alliés roumains. Dès lors que l'on scrute le trajet de ces staliniens dont certains étaient issus de familles de confession juive, on réalise la complexité de la situation. Par exemple, Georges Haupt, cité plus haut, une fois de retour de URSS, s'est retrouvé à la pointe des attaques contre l'historiographie dite bourgeoise roumaine, aux côtés de Mihail Roller, le prototype du stalinien tant haï en Roumanie[13]. Une fois en France, dans ses cours à l'EHESS, il fera preuve d'un esprit ouvert peu courant en ce temps où le marxisme-léninisme se trouvait au zénith.

Voici maintenant un tout autre exemple, celui d'Ecaterina Arbore, qui provenait d'une famille de la noblesse tsariste puisqu'elle était la fille de Zamfir Ralli-Arbore. Née en Suisse en 1873, médecin de profession, elle fut commissaire du peuple à la Santé en Transnistrie avant d'être fusillée en 1937 pour déviationnisme. De passage à Tiraspol, Panait Istrati rend hommage à son dévouement dans sa « confession pour vaincus » : en s'engageant du côté des bolcheviks, elle s'est sacrifiée à la manière de l'épouse du maçon de la légende roumaine du maître Manole, emmurée vivante pour l'édification d'un monastère[14].

Le roumain standard et le jargon moldavo-russe

Plus près de nous, Michael Bruchis pourrait être cité en exemple. Je ne saurais me prononcer sur ses convictions politiques au temps où il travaillait à l'Institut d'histoire du

---

13 Sous la direction de cet historien et militant communiste (1908-1958) ont été publiés plusieurs manuels d'histoire de la Roumanie à des fins de propagande pour le nouveau régime et son protecteur soviétique. Critiqués dès 1956, ces manuels ont été ensuite régulièrement dénoncés par les historiens roumains en raison de leur contenu considéré comme « antiroumain ».

14 Panaït ISTRATI, *Vers l'autre flamme : Après seize mois dans l'URSS. Confession pour vaincus*, Paris, Gallimard, 1987 (1re éd. 1929), 317 p., p. 111-112.

parti communiste et je ne pense pas que cela puisse expliquer grand-chose. On peut estimer en revanche que ses travaux n'auraient pas pu voir le jour sous cette forme s'il n'avait pas occupé le poste stratégique de traducteur en moldave/roumain et d'éditeur des textes du PCUS. Avec une précision d'entomologiste, il a mis en lumière à la fois les limites et les effets inattendus de la politique linguistique soviétique concernant la langue parlée en Bessarabie/République socialiste soviétique moldave. Son principal mérite est d'avoir montré comment, l'un dans l'autre, moyennant des retournements spectaculaires, les efforts déployés au cours de plusieurs décennies en République autonome de Transnistrie d'abord, puis en République de Moldavie, pour établir des formes standard « moldaves » de la langue parlée dans cette région ont abouti à son alignement sur le roumain standard, dit aussi littéraire, en vigueur en Roumanie. Dans le même temps, la langue parlée de tous les jours par les Moldaves n'a eu de cesse de se dégrader, comme l'indiquaient les rapports parus dans la presse officielle moldave à partir des années 1960 : « du conducteur de tracteur au juge, du technicien au spécialiste en éducation, ils ignorent, ou n'utilisent pas, la terminologie moldave », « à l'école nationale de la capitale, les enfants utilisent un jargon russo-moldave », « certains professeurs avouent ne pas utiliser la langue littéraire parce que les élèves ne la comprennent pas »[15].

Aussi Michael Bruchis insiste-t-il, avec raison, sur « la cassure croissante entre la pleine identification des formes littéraires de la langue nationale moldave avec le roumain, d'une part, et les formes familières, courantes, parlées, de cette langue qui s'est convertie dans un jargon moldavo-russe[16] ». Et c'est la raison pour laquelle les autorités

---

[15] Michael BRUCHIS, *op. cit.*, p. 295.

[16] *Ibid.*, p. 294.

soviétiques ont longtemps fermé les yeux sur l'identification de fait du moldave au roumain, conclut Michael Bruchis.

La diglossie enchâssée

Je reviens maintenant au point de départ et au thème annoncé pour cette contribution : le casse-tête sociolinguistique. En quoi consiste-t-il ? La situation de la langue roumaine dans la configuration sociolinguistique moldave et son évolution depuis les changements survenus en 1989 peuvent être appréhendées en termes de diglossie, dans l'acception courante du mot en linguistique : « coexistence, dans un même pays, soit de deux langues différentes, soit de deux états de la même langue, l'un savant, l'autre populaire[17] ». La diglossie existe dès qu'il y a une différence fonctionnelle entre deux langues, quel que soit le degré de différence ; la relation génétique entre les deux langues n'est pas obligatoire[18].

Dans le cas moldave, il y a double diglossie, ou encore diglossie enchâssée[19] : diglossie entre le roumain et le russe, d'une part, et entre le roumain standard, littéraire et le roumain parlé par des segments importants de la population, fortement russifié, d'autre part. Les changements survenus depuis 1989 visaient, dans un premier temps, le renversement radical, puis, devant les réactions suscitées et la

---

[17] Jean DUBOIS (dir.), *Dictionnaire de la langue française : Lexis*, Paris, Larousse, 1989, 2 109 p., p. 548.

[18] Dans « Bilingualism With and Without Diglossia; Diglossia With and Without Bilingualism » (*Journal of Social Issues*, vol. 23, n° 2, 1967, p. 29-38), Joshua Fishman développe et modifie la définition, plus limitative, proposée au départ par Charles Ferguson (« Diglossia », *Word*, 1959), qui mettait l'accent sur les variétés linguistiques « hautes » et « basses » génétiquement apparentées (l'arabe classique et l'arabe dialectal, par exemple). Cf. à ce sujet Louis-Jean CALVET, *La Guerre des langues et les politiques linguistiques*, Paris, Payot, 1987, 294 p., p. 43-46.

[19] *Ibid.*, p. 47.

complexité de la tâche, le rééquilibrage des rapports entre le russe et le roumain en faveur du dernier. Les concessions faites par les autorités moldaves aux partisans de la langue russe, ponctuées par des retours en arrière parfois spectaculaires rapportés au projet initial, ont ralenti sans le stopper le processus enclenché en 1989.

La situation est plus délicate avec les Moldaves qui ont recours couramment à ce que l'on pourrait appeler un « parler roumain russifié dans le cadre soviétique », qui ne maîtrisent pas correctement le roumain standard, pas plus que le russe standard. Certains n'hésitent pas à manifester leur répulsion pour ces séquelles honteuses de la soviétisation et de la russification. Ils heurtent ainsi de front toute une catégorie de Moldaves qui ont de grosses hésitations dans l'usage du roumain standard et qui n'entendent pas abandonner les habitudes linguistiques acquises sous le régime soviétique… Des efforts pédagogiques ont été faits, mais dans les limites des possibilités matérielles disponibles, donc fort modestes.

Pour compléter le tableau, rappelons que les données de la diglossie changent dès lors que l'on se réfère aux habitants de la Moldavie dont la langue première est autre que le roumain. La revalorisation du statut de cette dernière en 1989 a, par ailleurs, contraint bien des non-roumanophones à affronter une situation de diglossie (ceux qui étaient uniquement russophones) voire de triglossie (ceux qui, outre leur langue première – l'ukrainien, le gagaouze, le bulgare, etc. –, parlaient le russe mais pas le roumain, la langue qui était désormais en passe de prendre la place du russe). Les non-Moldaves n'étaient guère préparés à cette situation puisque nombre d'entre eux ne maîtrisaient pas le roumain. Là encore, les actions entreprises auprès des non-Moldaves pour promouvoir le roumain, langue dont la maîtrise n'était pas indispensable à l'époque soviétique, ont abouti à des résultats médiocres.

Conclusion

Malgré les changements non négligeables survenus pendant le quart de siècle qui vient de s'écouler depuis la sortie de l'Union soviétique, la Moldavie est confrontée à la même difficulté : celle d'apporter une solution politique équitable et acceptable par toutes les parties aux problèmes que posent la diglossie et la triglossie qui caractérisent la configuration sociolinguistique propre à ce pays.

Force est de constater qu'aucune force politique n'est de nos jours à même de proposer une telle solution. Le parti roumain – pour aller vite je vais utiliser des expressions sorties tout droit du XIXe siècle – est suffisamment fort pour empêcher le parti russe de prendre le dessus à travers une solution de type impérial combinant retour au passé soviétique et projet national russe. Le rattachement à la Roumanie, indépendamment du fait que ce pays n'est pas vraiment préparé à une telle éventualité, n'est pas acceptable pour les russophones et une partie des roumanophones. Enfin, le parti moldave est loin d'avoir fait ses preuves et rien ne permet de dire que ses partisans y arriveront. Autrement dit, à moins qu'il y ait partition, avec tous les problèmes que cela implique, ni le parti roumain ni le parti russe ne sauraient l'emporter, l'État moldave demeurant indépendant sans pour autant être fondé sur une nation dont le contenu fasse l'unanimité. C'est la situation dans laquelle nous nous trouvons maintenant et qui est appelée à durer. Y a-t-il une solution autre que nationale ou impériale ? Oui, mais alors pour cela il faudrait qu'il y ait une culture politique commune, citoyenne, démocratique. Pour ma part, mon intérêt pour la République de Moldavie est doublé d'un pari, celui que ce pays peut exister et prospérer en intégrant les structures de l'Europe communautaire au sein desquelles l'appartenance ou adhésion à une nation ou à une autre n'entraîne ni handicap ni privilège, à condition cependant de bâtir cette culture politique commune, citoyenne et démocratique qui fait aujourd'hui tant défaut. Ce pari n'est pas gagné, tant s'en faut, mais a-t-on vraiment le choix, s'agissant de la République de Moldavie ?

La Bessarabie au temps des camarades : résurgences d'une controverse

Irina GRIDAN

« Nous ne connaissons pas cette dénomination, "Bessarabie", il existe une République moldave, un peuple moldave, avec un Comité central et un gouvernement. La Bessarabie n'existe pas[1]. » Selon ces propos tenus par Alexeï Kossyguine[2] au président du Conseil roumain, Ion Gheorghe Maurer, qu'il reçoit aux côtés de Nikita Khrouchtchev le 10 juillet 1964, « la Bessarabie n'existe pas ». L'affirmation doit bien entendu être questionnée. Historiquement, cette posture de négation de la question bessarabe n'est pas neuve. Au gré des modifications

[1] Arhivele naţionale istorice centrale [Archives nationales historiques centrales] (ANIC), Comitetul central al partidului comunist român [Comité central du Parti communiste roumain] (CC al PCR), Secţia relaţii externe [Section des relations extérieures] (SRE) vol. IV, 35/1964, entretiens de Moscou, 10 juillet 1964, p. 139.

[2] Président du Comité d'État pour la planification (1959-1960) et membre du Présidium (à partir de 1960), Alexeï Kossyguine devient président du Conseil après l'éviction de Nikita Khrouchtchev en octobre 1964.

frontalières, le discours russe puis soviétique, tout comme le discours roumain, oscille entre occultation et mise en exergue de ce sujet contentieux. La Bessarabie est l'objet de révisionnismes en miroir.

Cette province orientale de la principauté de Moldavie, comprise entre le Prut et le Dniestr, dont le sud fait partie de l'Empire ottoman à partir du XVe siècle sous le nom de Boudjak, est annexée par la Russie à la fin de la guerre russo-turque de 1812. Si à l'issue de la guerre de Crimée la principauté de Moldavie obtient en 1856 la rétrocession des trois départements du sud de la Bessarabie, le traité de Berlin du 13 juillet 1878 les restitue à la Russie. Dans ce contexte, côté roumain, l'évocation de la Bessarabie devient un acte de résistance. Le poète Mihai Eminescu écrit que le simple fait de « prononcer le nom de Bessarabie, c'est protester contre la domination russe[3] ». Mais lorsqu'après une brève période d'autonomie puis d'indépendance, en 1917-1918, la Bessarabie devient partie intégrante de la Grande Roumanie, ce sont les autorités roumaines qui estiment désormais que le dossier est définitivement clos : par le traité de Paris du 28 octobre 1920, l'union de la Bessarabie à la Roumanie, autoproclamée deux ans plus tôt, est internationalement reconnue.

Récusée par la Russie, cette union est à l'origine d'un contentieux qui obère les rapports bilatéraux de l'entre-deux-guerres. L'année 1924 illustre bien ces crispations : les autorités soviétiques proposent par le canal diplomatique l'organisation d'un plébiscite[4], tout en fomentant sur place des actions de déstabilisation révolutionnaires, à l'image des

[3] Mihai EMINESCU, « Basarabia: Numele şi întinderea ei » [Bessarabie : nom et étendue], *Timpul* [Le temps], 3 mars 1878, *in* Ion CRETU (éd.), *Mihai Eminescu: Bucovina şi Basarabia. Studiu istorico-politic* [Mihai Eminescu : la Bucovine et la Bessarabie. Étude historico-politique], Bucarest, s.n., 1941, 172 p., p. 5.

[4] Le terme « plébiscite » est ici synonyme de vote de la population pour se prononcer sur son rattachement territorial.

incidents de Tatar Bunar (dont le mot d'ordre est « la Bessarabie aux Soviets ! »), et mènent une politique de piémont avec la création, en Transnistrie, de la République autonome socialiste soviétique moldave (RASSM)[5]. Malgré un apaisement des tensions voulu par les ministres des Affaires étrangères Maksim Litvinov et Nicolae Titulescu au milieu des années 1930[6], la question de la Bessarabie est loin d'être close. Lorsque Titulescu est écarté en août 1936, Litvinov déclare à son successeur, Victor Antonescu :

> « Vous vous êtes jetés dans les bras de la Pologne, derrière laquelle se trouve l'Allemagne. J'entends ne pas soulever la question de la Bessarabie aussi longtemps que la Roumanie ne marchera pas contre l'URSS. Mais, maintenant que je constate que vous marchez contre nous, nous ne pouvons pas laisser entre vos mains le potentiel de guerre que représente la Bessarabie, pour que vous en usiez contre l'URSS[7]. »

Pour Viatcheslav Molotov, qui succède à Litvinov en mai 1939, le problème de la Bessarabie demeure entier, d'autant qu'une fois la victoire allemande acquise sur le front de l'Ouest, Staline accélère ses projets d'annexion. L'ultimatum du 26 juin 1940 est suivi par l'occupation soviétique, en vertu des clauses du protocole secret du pacte Molotov-Ribbentrop du 23 août 1939. Comme le souligne l'historien

---

[5] Cf. Florin ȚURCANU, « Roumanie, Bessarabie, Transnistrie : Représentations d'une frontière contestée (1916-1944) », *in* Sophie CŒURE, Sabine DULLIN (dir.), *Frontières du communisme*, Paris, La Découverte, 2007, 470 p., p. 118-143.

[6] Sur le rétablissement des relations diplomatiques, rompues depuis janvier 1918, en juin 1934, cf. Alexandru-Murad MIRONOV, « Începutul relațiilor româno-sovietice, 1934 » [Les débuts des relations roumano-soviétiques, 1934], *Arhivele totalitarismului* [Les archives du totalitarisme], n° 26-27, 2000, p. 138-147.

[7] George POTRA, Constantin TURCU (eds), *Nicolae Titulescu. La politique extérieure de la Roumanie (1937)*, Bucarest, Éditions encyclopédiques, 1996, 439 p., p. 143.

George Ciorănescu, la posture d'occultation de la question bessarabe change de camp :

> « Du point de vue soviétique, le mot Bessarabie et le problème qu'il évoquait avaient cessé d'exister le 28 juin 1940, lorsque cette province roumaine avait été annexée par l'URSS [...]. On affirme que la Bessarabie n'était que le nom donné à l'appendice colonial d'un État capitaliste, la Roumanie, et par là même une injustice historique effacée pour toujours de la carte politique du monde[8]. »

Reconquise par les armées roumaines après le déclenchement de l'opération Barbarossa, la Bessarabie est à nouveau occupée par les Soviétiques en mars 1944. L'armistice du 12 septembre 1944, confirmé par le traité de Paris du 10 février 1947, restitue ce territoire à l'URSS. La question y est dès lors considérée comme officiellement close : « Toutes les questions litigieuses de frontière ont été liquidées entre nos deux États[9] », déclare Molotov en février 1948. Le Traité sur le régime de la frontière d'État soviéto-roumaine, signé à Moscou le 25 novembre 1949, entérine cette situation[10] : la Bessarabie constitue, jusqu'en 1991, l'armature de la République socialiste soviétique de Moldavie.

Ce qu'il convient néanmoins de souligner, c'est que le traitement de la question bessarabe n'a pas été homogène pendant l'ensemble de la période communiste. Durant la majeure partie du mandat de Gheorghe Gheorghiu-Dej à la tête du Parti ouvrier roumain (*Partidul muncitoresc român*,

---

[8] George CIORANESCU *et al.*, *Aspects des relations soviéto-roumaines : Rétrospectives et orientations*, Paris, Minard, 1967, 279 p., p. 228.

[9] Viatcheslav MOLOTOV, *Questions de politique extérieure. Discours et déclarations, avril 1945-juin 1948*, Moscou, Éd. en langues étrangères, 1949, 627 p., p. 569.

[10] Archives du ministère roumain des Affaires étrangères (AMRAE), Moscou, télégramme chiffré à l'arrivée nº 788, Moscou, Bughici, 24 novembre 1949, p. 264.

PMR) – précisément jusqu'en 1964 – la question est taboue : « Tous les livres, articles et études consacrés à la Bessarabie sont retirés du commerce et toute référence à cette province est interdite même dans les conversations particulières. [...] On élimine le mot Bessarabie de toutes les publications conservées dans les bibliothèques[11]. » Cette occultation est la conséquence logique de la position du Parti communiste de Roumanie (PCdR) au sujet de la « question nationale » dans l'entre-deux-guerres et de son inféodation au Parti communiste de l'Union soviétique (PCUS) après-guerre. Rappelons que dans sa *Résolution sur la question nationale en Roumanie* adoptée en août 1924, le PCdR revendique le droit à l'autodétermination et à la séparation de la Bessarabie[12]. C'est donc logiquement qu'après juin 1940 il soutient la thèse selon laquelle l'URSS a *libéré* la Bessarabie de l'impérialisme roumain. Ce discours est repris après le rattachement de 1944, devenant un dogme politique et historiographique, avant que les autorités communistes ne jettent un voile pudique sur la question des annexions soviétiques à partir de la fin des années 1940.

Comment comprendre dès lors que la Bessarabie resurgit comme question contentieuse dans les relations roumano-soviétiques de la première moitié des années 1960 ? Qui rouvre ce dossier épineux ? Existe-t-il un lien avec les manœuvres hongroises dans la question transylvaine[13] ? En

---

[11] George CIORANESCU *et al.*, *Aspects des relations soviéto-roumaines...*, *op. cit.*, p. 227-228.

[12] Marin C. STANESCU (dir.), *Moscova, Cominternul, filiera comunistă balcanică și România (1919-1943): studii documentare* [Moscou, le Komintern, la filière communiste balkanique et la Roumanie (1919-1943) : études documentaires], Bucarest, Silex, 1994, 160 p., p. 29-30.

[13] C'est l'interprétation retenue dans George CIORANESCU, « Basarabia în politica externă a României (1944-1986) » [La Bessarabie dans la politique extérieure de la Roumanie (1944-1986)], *in* Crisula ȘTEFANESCU, Matei CAZACU (éds), *Ciorănescu George : Basarabia, pământ românesc* [Ciorănescu George : Bessarabie, terre roumaine], Bucarest, Editura Fundației culturale române, 2002, 338 p., p. 268-273., p. 269.

imputant des prétentions territoriales aux Roumains, les Soviétiques espèrent-ils ainsi les compromettre ? Est-il envisageable que les Chinois, en vue de rallier les Roumains à leur lutte contre le « chauvinisme de grande puissance » soviétique, aient incité Bucarest à un tel irrédentisme ?

Pour répondre à ces questions, les dossiers de la Section des relations extérieures du CC du Parti communiste roumain, récemment entrés dans le circuit de la recherche et qui comprennent tous les *verbatims* des rencontres roumano-soviétiques, roumano-chinoises et roumano-yougoslaves de l'époque, se révèlent d'un précieux apport : ils permettent non seulement de faire la lumière sur des événements peu ou mal connus de l'historiographie[14] mais aussi, grâce à leur riche paratexte constitué de notes adjointes par Gheorghiu-Dej lui-même, de saisir le processus décisionnel. Certains de ces documents ont récemment donné lieu à des travaux qui prouvent que la question de « la Bessarabie au temps des

14 On trouve des allusions discrètes aux entretiens roumano-soviétiques de juillet 1964 dans Pierre DU BOIS, *Ceaușescu la putere: Anchetă asupra unei ascensiuni politice* [Ceaușescu au pouvoir : Enquête sur une ascension politique], Bucarest, Humanitas, 2008 (1re éd. en français 2004), 189 p., p. 46 ; François FEJTÖ, *Histoire des démocraties populaires, t. II, Après Staline*, Paris, Seuil, 1992 (1re éd. 1969), 381 p., p. 182-183 ; Liviu ȚARANU, *România în Consiliul de ajutor economic reciproc, 1949-1965* [La Roumanie dans le Conseil d'assistance économique mutuelle, 1949-1965], Bucarest, Editura Enciclopedică, 2007, 255 p., p. 179. Dans leurs mémoires, des acteurs les mentionnent, mais sans davantage de détails. Cf. Sergei KHRUSHCHEV (éd.), *Memoirs of Nikita Khrushchev. Vol. 3 : Statesman (1953-1964)*, Providence, The Thomas J. Watson Jr. Institute for international studies, 2007, 1126 p. ; Lavinia BETEA (éd.), *Alexandru Bârlădeanu despre Dej, Ceaușescu și Iliescu: Convorbiri* [Alexandru Bârlădeanu au sujet de Dej, de Ceaușescu et d'Iliescu. Entretiens], *in* EAD. (éd.), *Partea lor de adevăr* [Leur part de vérité], Bucarest, Compania, 2008 (1re éd. 1997), 647 p., p. 211-212. Pour l'édition récente des minutes de ces pourparlers, cf. Vasile BUGA (éd.), *O vară fierbinte în relațiile româno-sovietice. Convorbirile de la Moscova din iulie 1964* [Un été brûlant dans les relations roumano-soviétiques. Les entretiens de Moscou de juillet 1964], Bucarest, INST, 2012, 236 p.

camarades » a une actualité historiographique en Roumanie – citons l'ouvrage de Ion Constantin et les synthèses consacrées par Vasile Buga à la politique extérieure du régime Ceaușescu[15]. Ces sources permettent d'établir comment, de façon feutrée puis ostensible, la Bessarabie refait irruption dans les relations entre la Roumanie et l'URSS au début des années 1960.

La Bessarabie, composante d'une question des frontières plus vaste

Premières occurrences

Le problème *générique* des frontières entre États socialistes est soulevé par Nikita Khrouchtchev, dès 1959. Au cours d'un discours prononcé à Leipzig le 7 mars et repris par la *Pravda*, il évoque d'abord la frontière polono-soviétique, puis la frontière hungaro-yougoslave, avant d'en venir à la Bessarabie :

> « Tout le monde sait qu'une partie de l'actuel territoire de la République soviétique moldave a été envahie par le roi roumain, avant d'être retournée au territoire soviétique le temps venu. Entre l'Union soviétique et la République populaire roumaine le problème des frontières ne se pose pas, parce que nos deux pays sont socialistes […]. Mais cela ne veut pas dire que dans les rangs d'une certaine partie de la population de la Roumanie il n'y a pas des

[15] Ion CONSTANTIN, *Problema Basarabiei în discuțiile româno-sovietice din timpul războiului rece, 1945-1989* [La question de la Bessarabie dans les discussions roumano-soviétiques du temps de la guerre froide, 1945-1989], Bucarest, INST, 2015, 336 p. ; BUGA Vasile, *Pe muchie de cuțit. Relațiile româno-sovietice, 1965-1989* [Sur le fil du rasoir. Les relations roumano-soviétiques, 1965-1989], Bucarest, INST, 2013, 416 p. ; ID., *Sub lupa Moscovei. Politica externă a României, 1965-1989* [Sous la loupe de Moscou. La politique extérieure de la Roumanie], Bucarest, INST, 2015, 323 p.

> gens qui considèrent que la Moldavie [*sic.*] fait partie de la Roumanie[16]. »

Ces propos, qui évoquent en filigrane un révisionnisme roumain, sont soigneusement censurés à Bucarest[17]. Mais en 1960, en visite dans la capitale roumaine, Khrouchtchev y soutient à nouveau que « tous les pays [socialistes] ont des prétentions territoriales les uns à l'égard des autres[18] ». Cette position paradoxale, consistant à nier le problème tout en le faisant émerger *ex nihilo*, est incompréhensible pour les dirigeants roumains, qui se sont scrupuleusement abstenus, depuis la signature des traités de paix, d'évoquer un quelconque différend territorial. En décembre 1963, le premier secrétaire du PCUS récidive, affirmant que la révision pacifique de *certaines* frontières n'est pas exclue[19].

Ces formulations suscitent une vive inquiétude côté roumain, où l'on a des raisons de penser que la Transylvanie est implicitement visée. Depuis 1961, les autorités roumaines sont en alerte et les services des relations extérieures et de la propagande surveillent attentivement toute résurgence de manifestations irrédentistes hongroises concernant l'Ardeal, le ministère des Affaires étrangères ayant même protesté à plusieurs reprises auprès des autorités de Budapest par voie

---

[16] ANIC, CC al PCR, SRE vol. IV, 49/1959-1970, discours de Khrouchtchev à Leipzig, 7 mars 1959, p. 3.

[17] ANIC, CC al PCR, SRE vol. IV, 35/1964, entretiens de Moscou, 9 juillet 1964, p. 87.

[18] ANIC, CC al PCR, SRE vol. IV, 49/1959-1970, discours de Khrouchtchev lors de la réunion des partis communistes et ouvriers de Bucarest, 26 juin 1960, p. 8.

[19] Nikita KHROUCHTCHEV, « Résoudre les litiges territoriaux uniquement par des moyens pacifiques : Message du 31 décembre 1963 aux chefs d'État (de gouvernement) des pays du monde », *Pravda*, 4 janvier 1964, *in* supplément à *Études soviétiques*, 190, janvier 1964.

diplomatique[20]. Suite au message de Khrouchtchev, la question est intensément débattue par le Bureau politique du PMR, lors de sa réunion du 4 janvier 1964. Dénonçant cette nouvelle manœuvre de Khrouchtchev et y voyant un encouragement aux révisionnistes hongrois, Gheorghe Gheorghiu-Dej affirme :

> « Il me semble que ce message qui ne sera pas diffusé uniquement par nous va provoquer un état d'esprit malsain. [...] Je ne me fais aucune illusion. Ce sont des questions bien trop délicates pour être minimisées. [...] Il faut nous attendre à un état d'esprit, à une recrudescence du nationalisme, des nationalistes, des chauvinistes, des révisionnistes, pour qui ce message est du pain béni, c'est une invitation[21]. »

Décision est prise de préparer une déclaration et une campagne d'explications à destination des membres du parti, puis d'attendre puisque, selon le mot de Dej, « il y a [dans ce message de Khrouchtchev] quelques lézards bien maquillés, mais que faire, quand ce ne sont tout de même pas des crocodiles[22] ? » Lors de sa réunion du 20 janvier 1964, le Bureau politique encourage la publication à large échelle d'un « recueil des œuvres complètes de Marx concernant la Transylvanie[23] ». La Bessarabie n'est donc pas à l'ordre du jour côté roumain. Le fait que cette question territoriale ressurgisse au printemps 1964 constitue un objet de préoccupation majeure à Bucarest.

---

[20] ANIC, CC al PCR, SRE vol. IV, 6/1961, note sur la publication en Hongrie d'articles et d'études faisant référence à la question transylvaine, 28 août 1961, p. 7-11.

[21] ANIC, CC al PCR, Cancelarie [Chancellerie] vol. II, 1/1964, minutes de la réunion du Bureau politique du 4 janvier 1964, p. 27-28.

[22] ANIC, CC al PCR, Cancelarie vol. II, 2/1964, minutes de la réunion du Bureau politique du 20 janvier 1964, p. 11.

[23] ANIC, CC al PCR, Cancelarie vol. II, 2/1964, minutes de la réunion du Bureau politique du 20 janvier 1964, p. 28.

Les pressions soviétiques au printemps 1964

Dans les premiers mois de l'année 1964, les rumeurs vont en effet bon train à Moscou, sur le fait que la Roumanie aurait demandé à l'URSS la restitution de la Bessarabie[24]. Les archives nouvellement disponibles permettent cependant d'établir que ces rumeurs sont sans fondement et qu'en mars 1964, Nikita Khrouchtchev est bien celui qui rouvre le dossier. Le moment clé est, en mars 1964, sa rencontre à Gagra, en Géorgie, avec une délégation roumaine conduite par Ion Gheorghe Maurer[25], qui vient d'effectuer une visite à Pékin et à Pyongyang[26]. Il déclare alors spontanément :

> « Prenons le cas de la Bessarabie. Je crois que cette question ne doit pas être discutée. Il faudrait alors faire un plébiscite dans les pays socialistes. Si les Roumains venaient à soulever ce problème, je serais personnellement favorable à un plébiscite et à l'autodétermination des peuples. Simplement il faut noter que ces problèmes se posent également pour d'autres pays. [...] La frontière de la Roumanie avec la Hongrie soulèverait beaucoup de problèmes[27]. »

La mise en garde de Khrouchtchev est claire. Ultérieurement pourtant, les Soviétiques donnent des entretiens de Gagra

---

[24] ANIC, CC al PCR, SRE vol. IV, 24/1964, information des étudiants roumains en URSS, 9 juillet 1964, p. 1, 10.

[25] Avocat des communistes dans les années 1930, Ion Gheorghe Maurer est un proche de Gheorghiu-Dej, qu'il seconde dans ses fonctions ministérielles de 1944 à 1948. Membre du CC à partir de 1945, il intègre le Bureau politique en 1960. Ministre des Affaires étrangères (1957-1958) puis président de l'Assemblée nationale (1958-1961), il joue, en tant que président du Conseil (1961-1974), un rôle important dans la diversification des partenaires diplomatiques de la Roumanie au cours des années 1960.

[26] ANIC, CC al PCR, SRE vol. IV, 29/1964, entretiens de Pékin et de Pyongyang, 3-14 mars 1964.

[27] ANIC, CC al PCR, SRE vol. IV, 30/1964, entretiens de Pitsunda, 15 mars 1964, p. 42.

une version très différente des sources roumaines. Ce serait Emil Bodnăraş[28] qui aurait, le premier, évoqué la Bessarabie en formulant des prétentions territoriales et en informant les Soviétiques que la question venait d'être débattue avec les autorités chinoises à Pékin ; selon la version soviétique, Khrouchtchev se serait contenté de riposter[29].

Les Roumains nient catégoriquement ce scénario. Dej déclare même : « Ils mentaient donc effrontément. [...] Je leur ai dit que nulle mention de cette affirmation du camarade Emil Bodnăraş ne figurait dans le sténogramme et qu'aucun camarade présent à Gagra ne se rappelle une telle chose[30]. » L'existence de prétendues requêtes concernant la Bessarabie est en effet contredite par les *verbatims* roumains des rencontres de Gagra[31]. Tel est également le cas de l'affirmation de Nikita Khrouchtchev, selon laquelle les Roumains auraient préalablement discuté de la Bessarabie avec Liu Shaoqi, Deng Xiaoping et Mao Zedong[32] : les documents invalident cette tentative supposée d'établir une plateforme des irrédentismes, lors du séjour de la délégation roumaine à Pékin. Il est vrai que le 6 mars, cartes à l'appui, Emil Bodnăraş présente à ses hôtes les problèmes existant

---

[28] Espion au service du renseignement militaire soviétique dans les années 1930, membre du CC à partir de 1945 et du Bureau politique à partir de 1948, Emil Bodnăraş dirige le Service de renseignement du gouvernement (1945-1947), avant de devenir ministre des Forces armées (1947-1955), puis vice-président du Conseil (1955-1967).

[29] ANIC, CC al PCR, SRE vol. IV, 35/1964, entretiens de Moscou, 11 juillet 1964, p. 168.

[30] ANIC, CC al PCR, SRE vol. IV, 5/1964, entretien Apostol-Bodnăraş-Liu, 28 juillet 1964, p. 69.

[31] ANIC, CC al PCR, SRE vol. IV, 29/1964, entretiens de Gagra, 15 mars 1964, p. 211-212.

[32] KHRUSHCHEV Sergei (éd.), *Memoirs of Nikita Khrushchev..., op. cit.*, p. 716 : « [The Romanians] said: "The Chinese tried to turn us against you. They said that the USSR had taken Bessarabia from us [...]. But we didn't listen to them because we don't need Bessarabia." » Cette version était présente dans ANIC, CC al PCR, SRE vol. IV, 35/1964, entretiens de Moscou, 11 juillet 1964, p. 168.

avec la Bulgarie, au sujet de la zone gérée par l'Administration fluviale du Bas-Danube, ou encore concernant la question du complexe hydro-énergétique des Portes de Fer[33] ; mais la Bessarabie n'est à aucun moment mentionnée. C'est donc bien dans le cadre d'une stratégie *soviétique* que Nikita Khrouchtchev rouvre le dossier à Gagra. La connexion entre la question bessarabe et la question transylvaine devient dès lors un moyen de pression pour les Soviétiques.

Un regain des tensions à l'été 1964

Les Roumains se réapproprient la question de la Bessarabie

Si l'initiative d'évoquer ce sujet des frontières est soviétique, il serait cependant erroné d'exempter les Roumains de toute réappropriation des arguments territoriaux : une fois les dossiers de la Bessarabie et de la Transylvanie abordés par Khrouchtchev, l'on n'hésite plus à Bucarest à s'en emparer. Dans un entretien avec le nouvel ambassadeur chinois à Bucarest, Liu Fan, le 5 juin 1964, Gheorghiu-Dej y fait ostensiblement allusion :

> « Tout comme [les Soviétiques] nous ont pris la Bucovine en dédommagement, ils pourraient nous prendre tout le pays. Ils avaient un plan pour les Carpates, ils voulaient jongler avec la Transylvanie. […] Il se pourrait que les nationalistes hongrois aient des appétits en Transylvanie. […] On n'exclut pas la possibilité que le camarade Khrouchtchev pousse les camarades hongrois à soulever la question de la Transylvanie, pour ensuite se poser en

33 ANIC, CC al PCR, SRE vol. IV, 29/1964, entretiens de Pékin, 6 mars 1964, p. 60-61.

> arbitre. S'ils agissent ainsi, nous poserons la question de la Bessarabie et de la Bucovine du Nord[34]. »

Le 15 juin 1964 Tito, qui vient de rencontrer Khrouchtchev à Leningrad, informe Gheorghiu-Dej de l'inquiétude du Kremlin face aux « prétentions concernant la Bessarabie[35] », à travers une communication faite par l'ambassadeur yougoslave à Moscou à son homologue roumain. Dej a beau considérer, en marge du *verbatim* de l'entretien entre Miatovic et Guină, qu'il s'agit d'une « provocation » et se demander « pourquoi on pose le problème ainsi », la communication yougoslave semble avoir été jugée suffisamment préoccupante par les dirigeants roumains, pour que Gheorghe Gheorghiu-Dej, Ion Gheorghe Maurer, Emil Bodnăraş, Leonte Răutu[36] et Corneliu Mănescu[37] se déplacent à la frontière roumano-yougoslave afin d'y rencontrer Tito, le 22 juin 1964. Tito confirme le mécontentement de Khrouchtchev au sujet des exigences roumaines sur la Bessarabie et Dej nie une nouvelle fois fermement ces accusations :

> « Qui prétend que la Roumanie voudrait la Bessarabie ? Cette affirmation est absurde. Il existe un traité de paix que nous avons signé et nous avons compris que c'était la seule solution. On ne peut pas affirmer qu'il n'existe pas

---

34 ANIC, CC al PCR, SRE vol. IV, 5/1964, entretien Dej-Liu, 5 juin 1964, p. 40.

35 ANIC, CC al PCR, SRE vol. IV, 46/1964, communication de l'ambassadeur yougoslave à Moscou à son homologue roumain, 15 juin 1964, p. 8.

36 Leonte Răutu devient membre du CC en 1948 et du Bureau politique en 1955. Ce professeur de mathématiques est l'idéologue du régime, dirigeant de la Section d'agitation et de propagande du CC (1948-1956), puis de la Direction de la propagande et de la culture (1956-1965).

37 Adjoint d'Emil Bodnăraş aux Forces armées en 1954-1955, Corneliu Mănescu est ambassadeur à Budapest en 1960-1961, avant d'être nommé à la tête du ministre des Affaires étrangères, poste qu'il occupe jusqu'en 1972.

> des gens qui pensent à la Bessarabie et à la Bucovine du nord, mais notre direction n'a jamais soulevé et ne soulèvera jamais un tel problème[38]. »

Dej estime à nouveau que c'est Khrouchtchev, *seul*, qui est à l'origine de la résurgence de la question territoriale :

> « Si nous cherchons qui [l'a fait], nous verrons que c'est le camarade Khrouchtchev lui-même, et pas qu'une fois. Au cours des conversations de Gagra avec la délégation qui rentrait de Chine, le camarade Khrouchtchev, sans lien avec le sujet de la discussion, a évoqué à l'improviste le problème de la Bessarabie et a déclaré que si les Roumains le voulaient, on pouvait organiser un plébiscite en Bessarabie pour établir à qui appartenait cette région[39]. »

Dans ce contexte, les Roumains sont persuadés que cette résurrection de la question bessarabe vise à les discréditer, à travers une assimilation aux Chinois, car dans le conflit sino-soviétique, les questions frontalières constituent également un point éminemment sensible. Dès la réunion du Bureau politique du 23 juin, Gheorghiu-Dej fait mine d'interpeller les Soviétiques : « Pourquoi un tel problème [bessarabe] ? Vous voulez à tout prix nous accoler aux Chinois, nous qualifier de Chinois, […] comme quoi la Roumanie a aussi des prétentions territoriales, les Chinois en ont, il y aurait une entente entre les Roumains et les Chinois. C'est ça que vous voulez ? Prouver que nous sommes des nationalistes[40] ? » Or, à Bucarest, on souhaite éviter à tout

[38] ANIC, CC al PCR, SRE vol. IV, 20/1964, entretien Dej-Tito, 22 juin 1964, p. 74-75.

[39] ANIC, CC al PCR, SRE vol. IV, 20/1964, entretien Dej-Tito, 22 juin 1964, p. 86-87.

[40] ANIC, CC al PCR, Cancelarie vol. II, 27/1964, minutes de la réunion du Bureau politique du 23 juin 1964, p. 19. Très attentifs, les Roumains compilent toutes les déclarations des Soviétiques sur ce sujet : cf. ANIC, CC al PCR, SRE vol. IV, 140/1964-1970, extraits des allocutions de

prix l'étiquette prochinoise, afin de préserver un équilibre fragile et une position politiquement avantageuse, de médiation entre les deux protagonistes – dont on dénonce simultanément les ambitions d'hégémonie. Il s'agit donc de clarifier la situation : par une lettre en date du 26 juin, une rencontre entre des représentants des deux partis est proposée[41]. Acceptée par les autorités soviétiques, elle se traduit par la venue à Moscou d'une délégation roumaine conduite par Ion Gheorghe Maurer et comprenant également Emil Bodnăraş (expert en questions militaires et de renseignement), Alexandru Bârlădeanu[42] (expert économique) et Leonte Răutu (idéologue en chef) – le noyau dur de l'équipe de Dej, qui ne s'est plus déplacé personnellement dans la capitale soviétique depuis l'été 1962, prétextant des problèmes de santé[43].

Les entretiens de Moscou (juillet 1964)

C'est relativement inquiets que les membres de la délégation roumaine se rendent à Moscou, car ils savent que la question de la Bessarabie sera au cœur des débats. Il y a cependant côté roumain une détermination, perceptible lorsque Dej déclare à l'ambassadeur soviétique à Bucarest fin juin : « Que l'on n'exerce pas de pressions sur nous, elles ne serviront à rien. [...] Nous avons toujours donné notre avis et nous

---

Nikita Khrouchtchev sur la nécessité de lutter contre le nationalisme, 1963-1964, p. 1-8.

41 ANIC, CC al PCR, SRE vol. IV, 35/1964, vol. III, lettre du CC du PMR au CC du PCUS, 26 juin 1964, p. 3-4.

42 Membre du CC à partir de 1955 et du Bureau politique à compter de 1962, Alexandru Bârlădeanu est ministre du Commerce extérieur (1948-1954), puis vice-président du Conseil des ministres en charge des questions économiques (1955-1969) et représentant de la Roumanie au Conseil exécutif du CAEM (1955-1965).

43 ANIC, CC al PCR, SRE vol. IV, 38/1965, note sur les délégations roumaines en URSS, p. 167-168.

continuerons à le faire[44]. » Une fois à Moscou, l'objectif est de dissiper les soupçons d'irrédentisme. Mais les Soviétiques se montrent inflexibles. Après l'évocation des rumeurs persistantes selon lesquelles la Roumanie voudrait la Bessarabie[45], Alexeï Kossyguine refuse même d'utiliser ce terme et demande à ses hôtes d'en faire autant : « Pourquoi n'avez-vous que la Bessarabie à la bouche ? Au cours de nos discussions vous n'avez pas utilisé une seule fois l'appellation officielle de RSS moldave[46]. » Au-delà de l'approximation géographique – Bessarabie et RSS moldave ne coïncident pas –, cette remarque est humiliante pour au moins l'un des membres de la délégation roumaine, Alexandru Bârlădeanu, originaire de Bessarabie[47]. L'idée khrouchtchévienne d'un plébiscite sur la « Bessarabie » – terme que le premier secrétaire du PCUS continue à employer –, avec pour contrepartie un plébiscite sur la Transylvanie, est à nouveau évoquée par les Soviétiques.

Quel est l'objectif de ce scénario géopolitique peu vraisemblable ? Malgré leur démenti formel, pourquoi vouloir à tout prix présenter les Roumains comme irrédentistes et surtout pourquoi vouloir jouer l'irrédentisme hongrois contre l'irrédentisme roumain ? L'enjeu dépasse ici les relations bilatérales roumano-soviétiques *stricto sensu* : l'argument territorial participe de pressions politiques et

---

44 ANIC, CC al PCR, SRE vol. IV, 6/1964, entretien Dej-Jegalin, 21 juin 1964, p. 30.

45 ANIC, CC al PCR, SRE vol. IV, 35/1964, entretiens de Moscou, 9 juillet 1964, p. 85.

46 ANIC, CC al PCR, SRE vol. IV, 35/1964, entretiens de Moscou, 10 juillet 1964, p. 139.

47 Ayant grandi dans une famille pauvre d'instituteurs de Bessarabie, Alexandru Bârlădeanu suit une formation juridique à Iaşi, avant d'obtenir un doctorat en économie et d'exercer comme assistant universitaire. Réceptif aux idées communistes, il choisit de rester à Chişinău en 1940, lorsque la Bessarabie devient soviétique ; il est ensuite évacué vers le Kazakhstan et rejoint, trois ans plus tard, la mouvance des membres du PCdR en exil à Moscou, avant de rentrer en Roumanie en juin 1946.

idéologiques, afin que la Roumanie cesse sa politique d'équidistance dans le conflit sino-soviétique, ainsi que ses obstructions à l'intégration économique au sein du CAEM. Si la position roumaine n'est pas fondamentalement infléchie dans les mois qui suivent, l'instrumentalisation de la Bessarabie permet en revanche d'éviter un envenimement de la situation. Il est en effet possible d'établir, à travers une analyse des versions successives des projets d'ordre du jour en vue des entretiens de Moscou, que l'on envisageait, côté roumain, d'aborder la question éminemment sensible des livraisons d'uranium, stratégiques pour l'URSS – Khrouchtchev le reconnaît[48]. Gheorghiu-Dej l'évoque explicitement dans l'entretien avec Tito du 22 juin 1964[49]. Or, devant la fermeté soviétique sur les autres sujets, les délégués roumains renoncent à ouvrir ce dossier en juillet. L'autre question qui n'est *in fine* pas abordée est celle d'une révision des relations de la Roumanie avec le CAEM. Les annotations de Gheorghiu-Dej sur le sténogramme des pourparlers de Moscou montrent à quel point l'échange inégal au sein du CAEM lui est insupportable, envisageant même si l'URSS poursuivait ses pressions, une sortie de la Roumanie de cet organisme multilatéral : il estime en effet que celle-ci devrait se contenter d'un statut d'observateur[50]. Malgré la dureté des échanges à Moscou, l'escalade est évitée et la réponse roumaine aux pressions exercées par les Soviétiques à l'été 1964 réside simplement dans des réassurances multiples.

---

[48] KHRUSHCHEV Sergei (éd.), *Memoirs of Nikita Khrushchev…*, *op. cit.*, p. 709.

[49] ANIC, CC al PCR, SRE vol. IV, 20/1964, entretien Dej-Tito, 22 juin 1964, p. 76.

[50] En juin, c'est une exclusion de la Roumanie du CAEM que Dej évoquait avec Tito. Cf. ANIC, CC al PCR, SRE vol. IV, 20/1964, entretien Dej-Tito, 22 juin 1964, p. 86.

Réassurances politiques et idéologiques autour de la Bessarabie

Le soutien des camarades chinois

Si côté yougoslave les inquiétudes roumaines concernant les questions territoriales trouvent peu d'écho, les Chinois en revanche n'hésitent pas à établir un parallèle entre leur position et celle des Roumains. Mao évoque ainsi la Bessarabie dans un entretien avec une délégation de socialistes japonais, au moment même où la délégation roumaine conduite par Maurer est à Moscou[51]. Tout en dénonçant les visées expansionnistes de l'URSS au détriment non seulement de la Chine, mais aussi de la Roumanie, de la Pologne, de la Tchécoslovaquie, de la Finlande et du Japon, Mao s'empresse d'apporter son soutien à Bucarest. Les Chinois veulent ainsi se faire les porte-parole des Roumains et ils ont tout intérêt à instrumentaliser de la sorte les dissensions roumano-soviétiques – quitte à parfois les amplifier. Le 17 juillet, Zhou Enlai explique à l'ambassadeur roumain à Pékin, Dumitru Gheorghiu :

> « J'ai entendu, de façon non officielle, qu'à l'occasion de la visite du camarade Maurer en Union soviétique le problème de la Bessarabie et de la Bucovine du Nord, celui de la république moldave, dans laquelle plus de 60 % de la population est roumaine, a été soulevé. [...] Monsieur l'ambassadeur, savez-vous que les Roumains de Bessarabie et de Bucovine du Nord sont traités de manière non équitable ? [...] Selon nous, si les Roumains

[51] Cf. « À propos de l'entretien entre Mao Tsé-Toung et un groupe de socialistes japonais », *Pravda*, 2 septembre 1964, *in* supplément à *Études soviétiques*, n° 198, septembre 1964.

> ont soulevé ce problème, c'est à juste titre, ils en ont le droit. […] Nous devons [les] soutenir[52]. »

Dans les semaines qui suivent, les contacts bilatéraux se poursuivent. L'ambassadeur chinois est reçu par les officiels roumains à un rythme quasi hebdomadaire[53] : les concertations portent sur des sujets de plus en plus larges – enjeux territoriaux, mais également questions d'actualité, notamment la conférence des partis communistes et ouvriers, dont Moscou veut la réunion rapide et dont Pékin souhaite l'ajournement. Lors de la fête nationale du 23 août 1964, une importante délégation chinoise séjourne longuement en Roumanie[54]. Ce rapprochement suscite une levée de boucliers à Moscou, en particulier en raison des déclarations de Mao sur la Bessarabie. Début septembre, on peut lire dans la *Pravda* :

> « Les déclarations de Mao Tsé-toung sur les questions territoriales montrent que les dirigeants chinois sont allés bien loin dans la "guerre froide" contre l'URSS. […] Il a déclaré : "Il y a trop d'endroits occupés par l'Union soviétique" et il a même nommé certains territoires avec le but évident d'accroître les matières inflammables pour attiser les ardeurs nationalistes. […] C'est précisément dans ce but que Mao Tsé-toung cherche à fabriquer de prétendus problèmes territoriaux entre plusieurs pays socialistes. Cependant, ces tentatives sont vouées à l'échec[55]. »

Pourtant, l'intensité des contacts roumano-chinois ne faiblit pas. En octobre par exemple, Maurer préside la délégation roumaine qui assiste aux festivités célébrant le quinzième

---

52 ANIC, CC al PCR, SRE vol. IV, 93/1963, entretien Zhou-Gheorghiu, 17 juillet 1964, p. 43-47.

53 ANIC, CC al PCR, SRE vol. IV, 5/1964, notes d'audience de Liu Fan.

54 ANIC, CC al PCR, SRE vol. IV, 40/1964, pourparlers roumano-chinois de Timiş, 26-27 août 1964.

55 « À propos de l'entretien entre Mao Tsé-Toung… », art. cité, p. 8, 13.

anniversaire de la République populaire de Chine, effectuant ainsi sa deuxième visite officielle à Pékin en huit mois. La Roumanie continue d'entraver la convocation de la conférence des partis communistes et ouvriers initialement annoncée pour décembre 1964, qui devait sanctionner l'excommunication de la Chine[56]. À ces manifestations politiques de la ligne indépendante de Bucarest, il convient d'ajouter une entreprise idéologique de légitimation à l'égard de l'URSS, sur le terrain de la question frontalière.

La leçon de marxisme

La résurgence des enjeux territoriaux fait l'objet d'une attention constante de la part des autorités roumaines et c'est sur le terrain de la référence aux classiques du marxisme-léninisme que la riposte est soigneusement préparée. Cette pratique n'est pas inédite. En avril 1963 par exemple, dans le cadre des querelles sur l'intégration au sein du CAEM, des compilations d'extraits d'œuvres de Marx, d'Engels, de Lénine et de Staline sur les thèmes de la souveraineté et de l'indépendance nationale ont été établies[57]. En novembre 1964, la publication à 20 000 exemplaires des *Notes sur les Roumains*[58] de Karl Marx est en lien direct avec la résurgence de la question bessarabe. La découverte de ce manuscrit est le fruit des recherches menées par l'historien Andrei Oţetea dans les archives de l'Institut international d'histoire sociale, à Amsterdam. Ces notes prises par Marx en marge de l'ouvrage du français Elias Regnault, *Histoire politique et sociale*

---

56 Fin juillet, Podgorny se rend à Eforie pour convaincre Dej de la nécessité de cette conférence – en vain. Cf. ANIC, CC al PCR, SRE vol. IV, 16/1964, entretiens Dej-Podgorny, 27-28 juillet 1964, p. 26 *sqq.*

57 ANIC, CC al PCR, SRE vol. IV, 117/1963, compilation des références aux notions de souveraineté et d'indépendance nationale, 19 avril 1963, p. 1-20.

58 Andrei OTETEA, Stanislas SCHWANN (eds), *Karl Marx, Însemnări despre Români, manuscrise inedite* [Karl Marx, notes sur les Roumains, manuscrits inédits], Bucarest, Ed. Academiei, 1964, 185 p.

des principautés danubiennes (Paris, 1855), sont déjà sous presse en janvier 1964, dans un contexte de vigilance contre les prétentions hongroises sur la Transylvanie[59]. Mais leur publication à l'automne 1964 permet de viser une tout autre cible, car les *Notes sur les Roumains* sont accablantes pour la Russie tsariste : elles récusent toute légitimité à la cession de la Bessarabie par la Sublime Porte, qui a ainsi bafoué le droit des traités[60]. Ces arguments sont désormais communément repris par les dirigeants roumains : lorsqu'au cours de la visite à Chişinău d'une délégation de journalistes, le président du Soviet Suprême évoque la « libération de la Moldavie entre le Dniestr et le Prut du joug ottoman » par le tsar en 1812, Dej note dans la marge : « Tu devrais lire ce que Marx et Engels ont écrit sur le sujet, cher camarade[61]. »

La même dénonciation de l'annexion abusive par la Russie tsariste est présente dans un autre document exhumé et publié à dessein au même moment – une lettre écrite par Engels au socialiste roumain Ioan Nădejde le 4 janvier 1888, qui mentionne le « rapt » de la Bessarabie :

> « Vous autres Roumains devez bien connaître le tsarisme : le règlement organique de Kisseleff, la répression du soulèvement de 1848, le rapt par deux fois répété de la Bessarabie, l'invasion incessante de la Roumanie, comme si le pays n'était qu'une simple étape russe sur la route du

59 ANIC, CC al PCR, Cancelarie vol. II, 2/1964, minutes de la réunion du Bureau politique du 20 janvier 1964, p. 27.

60 Cf. Andrei OTETEA, Stanislas SCHWANN (eds), *Karl Marx, Însemnări…*, *op. cit.*, p. 89 : « Dniestr od Basarabien abgetreten. D. Turkei konnte das nicht abtreten, weil nur suzerain d. pays roumains. Elle-même l-avouait porsque pressée par les Polonais, à Carlowitz, de leur céder les principautés moldaves, ele répondit qu'elle ne se reconnaissait pas le droit de faire aucune concession de territoire, les capitulations ne lui donnant qu'un droit de suzeraineté… D. paysan roumain hat f. d. Mouscal (Moscovite) nur haine. [sic] »

61 ANIC, CC al PCR, SRE vol. IV, 43/1964, compte rendu de la visite à Chişinău rédigé par A. Munteanu, 5 octobre 1964, p. 9.

> Bosphore, vous ont assez fait souffrir [...]. Le tsarisme vous appâte, vous désignant la Transylvanie roumaine aux mains des Magyares ; alors que c'est le tsarisme qui la maintient séparée de la Roumanie[62]. »

Ailleurs, c'est l'argument ethnique qui fait écrire à Engels, dans *La Politique extérieure du tsarisme russe* : « La Bessarabie est roumaine et la Pologne polonaise. On ne peut parler dans ces cas de groupements ethniques dispersés, mais apparentés et qui pourraient être qualifiés de russes ; nous sommes ici en présence d'une conquête, par la force, de territoires étrangers ; purement et simplement un vol[63]. » Même si elles ne sont pas commentées officiellement, ces publications aggravent encore les dissensions roumano-soviétiques. Lorsqu'il reçoit Ceaușescu à Moscou en septembre 1965, Brejnev lui reproche, entre autres, les éditions et rééditions des *Notes sur les Roumains*[64].

Conclusions

En soufflant à plusieurs reprises le chaud et le froid sur les questions territoriales au cours de l'année 1964, ce sont les Soviétiques eux-mêmes qui provoquent la riposte roumaine. La manière dont Khrouchtchev et les autres dirigeants

---

62 Ion POPESCU-PUTURI (éd.), *Presa muncitorească și socialistă din România, vol. I, 1865-1900, prima parte (1865-1889)* [La presse ouvrière et socialiste de Roumanie, vol. I, 1865-1900, 1re partie (1865-1889)], Bucarest, Institutul de istorie a partidului pe lângă CC al PMR, Ed. politică, 1964, 641 p., p. 189-190.

63 *Apud* George CIORANESCU *et al.*, *Aspects des relations soviéto-roumaines...*, *op. cit.*, p. 232.

64 ANIC, CC al PCR, Cancelarie vol. II, 124/1965, minutes des pourparlers roumano-soviétiques de Moscou, 9 septembre 1965, p. 50. Brejnev soutient que les *Notes sur les Roumains* sont des faux. À son retour en Roumanie, Ceaușescu informe son équipe de cette remarque de Brejnev : cf. ANIC, CC al PCR, Cancelarie vol. II, 128/1965, minutes de la réunion du Comité exécutif du 11 septembre 1965, p. 8.

soviétiques évoquent la Bessarabie constitue un catalyseur, permettant une cristallisation de la position roumaine. Les autorités de Bucarest ne soulèvent pourtant jamais officiellement la question de la Bessarabie au cours de la période où Gheorghiu-Dej est premier secrétaire, n'engageant à aucun moment la polémique sur ce sujet. L'approche de son successeur est quelque peu différente – et en tout état de cause, bien mieux connue par l'historiographie : les résurgences de la question bessarabe pendant le mandat de Ceauşescu à la tête du PCR ont fait l'objet de travaux qui montrent une alternance d'allusions explicites et de périodes de sourdine, lorsque les rapports roumano-soviétiques se tendent[65].

Un an avant son arrivée à la tête du parti en mars 1965, Nicolae Ceauşescu prend une première fois position sur les enjeux territoriaux : il dénonce la position du PCR à l'égard de la question nationale dans l'entre-deux-guerres – position qui avait permis de justifier les prétentions soviétiques sur la Bessarabie, en désignant l'État roumain comme oppresseur des peuples[66]. En mai 1966, c'est en tant que secrétaire général qu'il condamne, une nouvelle fois, les résolutions

---

65 Parmi les travaux récents, cf. par exemple Vasile BUGA, « Problema Basarabiei în relaţiile româno-sovietice. 1964-1989 » [La question de la Bessarabie dans les relations roumano-soviétiques. 1964-1989], *in* ID., *Pe muchie de cuţit…*, *op. cit.*, p. 340-372 ; Ion CONSTANTIN, *Problema Basarabiei…*, *op. cit.*, *passim* ; Matei CAZACU, Nicolas TRIFON, *Un État en quête de nation : la République de Moldavie*, Paris, Non Lieu, 2010, 448 p., p. 338 *sqq.* Plus précocement, la diaspora joue également un rôle dans l'étude des résurgences de la question bessarabe. Entre 1965 et 1982, George Ciorănescu y consacre une quinzaine d'études sur les ondes de Radio Free Europe. En 1985, il fait paraître à Munich *Bessarabia, Disputed Land between East and West* qui reprend ces études. En 1967, il avait publié à Paris *Aspects des relations russo-roumaines. Rétrospectives et orientations*, suivi en 1971 de *Aspects des relations soviéto-roumaines. 1967-1971. Sécurité européenne.* En 1982, Nicholas Dima publie à New York *Bessarabia and Bukovina. The Soviet-Romanian Dispute.*

66 ANIC, CC al PCR, SRE vol. IV, 29/1964, entretiens de Pékin, 5 mars 1964, p. 35.

adoptées alors par le PCdR[67]. Leonid Brejnev – qui a été premier secrétaire du parti communiste de la RSSM de 1950 à 1952 – se rend immédiatement à Bucarest et le dirigeant du PC moldave, Ivan Bodiul, dénonce la propagande bourgeoise et malsaine menée à l'ouest du Prut[68].

Si au cours de la majeure partie des années 1970, la question de la Bessarabie n'est pas évoquée frontalement dans les pourparlers roumano-soviétiques, plusieurs éléments concourent cependant à un agacement croissant des Soviétiques, dont les dirigeants moldaves sollicitent sans cesse la vigilance[69]. À la multiplication des travaux historiques publiés en Roumanie et hors les frontières, faisant explicitement référence aux enjeux territoriaux, répondent des publications soviétiques[70]. Les travaux de Ion

---

67 Nicolae CEAUSESCU, « Partidul comunist român – continuator al luptei revoluţionare şi democratice a poporului român, al tradiţiilor mişcării muncitoreşti şi socialiste din România, 7 mai 1966 » [Le parti communiste roumain – continuateur de la lutte révolutionnaire et démocratique du peuple roumain, des traditions du mouvement ouvrier et socialiste de Roumanie, 7 mai 1966], *in* ID., *România pe drumul desăvârşirii construcţiei socialiste* [La Roumanie sur la voie de l'accomplissement de la construction socialiste], Bucarest, Editura Politică, vol. 1, 1968, 622 p., p. 360.

68 Matei CAZACU, Nicolas TRIFON, *Un État en quête de nation…*, *op. cit.*, p. 339-340.

69 Cf. Elena NEGRU, Gheorghe NEGRU, *„Cursul deosebit" al României şi supărarea Moscovei. Disputa sovieto-română şi campaniile propagandistice antiromâneşti din RSSM (1965-1989). Studiu şi documente, vol. I (1965-1975)* [La « voie singulière » de la Roumanie et le courroux de Moscou. La dispute soviéto-roumaine et les campagnes de propagande antiroumaines de RSSM (1965-1989). Étude et documents, vol. I (1965-1975)], Chişinău, Academia de ştiinţe a Moldovei, Institutul de istorie, stat şi drept, 2013, 617 p.

70 Pour une synthèse précoce, cf. Robert KING, « "Historical" debates : Bessarabia », *in* ID., *Minorities under Communism. Nationalities as a Source of Tension Among Balkan Communist States*, Cambridge, Harvard University Press, 1973, 326 p., p. 221-240. Pour une synthèse récente, cf. Vasile BUGA, « Dispute istoriografice româno-sovietice » [Disputes

Constantin nous permettent de suivre ces controverses[71] : en 1968 paraît, sous la direction de Dumitru Berciu, un ouvrage intitulé *Unitate şi continuitate în istoria poporului român* [Unité et continuité dans l'histoire du peuple roumain], qui défend cette thèse de la « Roumanie une et indivisible » de 1918 ; dans cette veine, Mircea Muşat fait paraître la même année un article intitulé « Înfăptuirea unităţii naţionale – deziderat fundamental al luptei poporului român » [La réalisation de l'unité nationale – souhait fondamental de la lutte du peuple roumain]. En 1970 paraissent *Istoria României* [Histoire de la Roumanie] sous la direction de Constantin Daicoviciu et de Miron Constantinescu et *Istoria poporului român* [Histoire du peuple roumain] sous la direction d'Andrei Oţetea. Dans ces deux ouvrages, la Bessarabie est clairement dépeinte comme terre roumaine, injustement perdue au profit de la Russie tsariste. Le premier ouvrage mentionne, pour la première fois, l'ultimatum de 1940. En 1971 paraît, sous la direction de Constantin Giurescu et Dinu Giurescu, *Istoria Românilor din cele mai vechi timpuri până astăzi* [Histoire des Roumains des temps les plus reculés à aujourd'hui], sur la même tonalité. Dans *Viaţa politică în România. 1918-1921* [La vie politique en Roumanie. 1918-1921], paru sous la direction de Mircea Muşat et Ion Ardeleanu en 1976, il est question de l'annexion de la Bessarabie par la Russie. En réaction aux publications roumaines, paraît à Chişinău en 1974 l'ouvrage de Artiom Marcovici Lazarev, *Organizarea statală sovietică moldovenească şi problema basarabeană* [L'organisation étatique soviétique moldave et la question bessarabe]. L'auteur assimile les historiens de Roumanie aux renégats de l'exil, les qualifie de « faussaires bourgeois » et condamne en bloc

historiographiques roumano-soviétiques »], *in* ID., *Pe muchie de cuţit…*, *op. cit.*, p. 326-339.

[71] Ion CONSTANTIN, *Basarabia sub ocupaţie sovietică, de la Stalin la Gorbaciov* [La Bessarabie sous occupation soviétique, de Staline à Gorbatchev], Bucarest, Fiat Lux, 1994, 201 p., p. 104 *sqq.* ; Ion CONSTANTIN, *Problema Basarabiei…*, *op. cit.*, p. 200 *sqq.*

leurs écrits. La même année est publié à Chişinău un recueil d'articles intitulé *Împotriva falsificatorilor burghezi ai istoriei şi ai culturii poporului moldovenesc* [Contre les faussaires bourgeois de l'histoire et de la culture du peuple moldave]. La riposte roumaine est rapide : Constantin C. Giurescu fait paraître à Milan en 1976, sous le pseudonyme Petre Moldovan, un ouvrage intitulé *A.M. Lazarev – un falsificator al istoriei* [A.M. Lazarev – un faussaire de l'histoire].

Sur le terrain des relations partisanes, la lutte semble pourtant marquer le pas au milieu des années 1970. La position plus en retrait de Ceauşescu s'explique sans doute par des pressions soviétiques et notamment la visite à Bucarest, en mai 1976, de Konstantin Katuchev, secrétaire du PCUS chargé des relations avec les partis communistes[72]. Un mois plus tard, le dirigeant roumain déclare : « La République socialiste de Roumanie n'a pas de problèmes territoriaux ni de problèmes d'une autre nature avec l'Union soviétique ou avec les autres États socialistes voisins. Nous voulons que les frontières de la Roumanie avec tous ses voisins soient des lieux d'amitié et de coopération[73]. » En août 1976, Ceauşescu se rend même pour la première fois en visite officielle en RSS moldave et à l'automne, Leonid Brejnev et Ivan Bodiul se succèdent à Bucarest[74].

---

72 Matei CAZACU, Nicolas TRIFON, *Un État en quête de nation…*, *op. cit.*, p. 343.

73 Nicolae CEAUSESCU, « Expunere cu privire la activitatea politico-ideologică şi cultural-educativă de formare a omului nou, constructor conştient şi devotat al societăţii socialiste multilateral dezvoltate şi al comunismului în România, 2 iunie 1976 » [Exposé concernant l'activité politico-idéologique et culturelle-éducative de formation de l'homme nouveau, bâtisseur conscient et dévoué de la société socialiste multilatéralement développée et du communisme en Roumanie, 2 juin 1976], *in* ID., *România pe drumul desăvârşirii construcţiei socialiste*, Bucarest, Editura Politică, 1977, vol. 13, 731 p., p. 101.

74 Vasile BUGA, *Pe muchie de cuţit…*, *op. cit.*, p. 351-352 ; Ion CONSTANTIN, *Problema Basarabiei…*, *op. cit.*, p. 225-226.

Malgré ces gestes d'apaisement, les Soviétiques agitent pourtant une nouvelle fois le spectre de l'irrédentisme roumain deux ans plus tard, dans des termes très similaires à ceux de l'été 1964. Ancien diplomate en poste à Moscou, Ion Porojan se souvient : « En [octobre] 1978, une délégation soviétique formée par Andreï Gromyko, [Konstantin] Rusakov et [Boris] Ponomariov, lors d'une rencontre avec Paul Niculescu-Mizil, Ştefan Andrei et Vasile Muşat, a reproché le fait que les Roumains sont antisoviétiques, qu'ils veulent la Bessarabie, qu'ils ont des revendications territoriales à l'égard de l'Union soviétique[75]. » Mais en 1978, pas plus qu'en 1964, il n'y a de revendication officielle roumaine concernant la Bessarabie. Au début des années 1980, c'est à nouveau par historiens interposés que la polémique renaît[76].

Il faut attendre la fin de l'année 1989 pour que la question de la Bessarabie fournisse à Ceauşescu le prétexte de son dernier défi à l'URSS. Le 20 novembre 1989, lors de son discours devant le XIVe congrès du PCR, il insiste sur la nécessaire révision des conséquences du pacte Molotov-Ribbentrop d'août 1939 – dont il demande l'annulation :

> « Pas un instant nous ne devons oublier que l'accord entre l'Allemagne hitlérienne et l'Union soviétique n'a pas écarté le danger de guerre. [...] Il est nécessaire d'adopter une position claire, sans équivoque, de condamnation et d'annulation de tous les traités conclus avec l'Allemagne

---

[75] Carol HÂRŞAN, « România-Rusia, încotro? (I) » [Quelle direction pour les relations roumano-russes ?], *România liberă* [La Roumanie libre], 21 novembre 2007, consulté sur : http://www.romanialibera.ro/exclusiv-rl/documentar/romania-rusia-incotro-111875.html (26 novembre 2010). Pour ces pourparlers, cf. Vasile BUGA, *Pe muchie de cuţit…*, *op. cit.*, p. 360-364.

[76] George CIORANESCU, *Basarabia, pământ românesc disputat între Est şi Vest* [La Bessarabie, terre roumaine disputée entre l'Est et l'Ouest], Bucarest, Editura Fundaţiei culturale române, 2001 (1re éd. en anglais 1985), 346 p., p. 11 *sqq*.

> hitlérienne – en tirer des conclusions pratiques pour l'annulation de toutes les conséquences de ces accords et de ces *diktats*[77]. »

Il s'agit de la seule manifestation ouverte et officielle du révisionnisme roumain pendant la période communiste. Nous retiendrons que lorsque Ceaușescu informe son cercle restreint, quelques jours auparavant, de sa volonté d'aborder franchement avec les Soviétiques le « problème de la Bessarabie », cette « partie de la Roumanie qui a été cédée à cause de l'accord avec Hitler »[78], il se présente comme un révisionniste de longue date : la référence qu'il donne est celle des entretiens roumano-soviétiques de mars 1964 – au cours desquels nous avons pourtant montré que le seul qui avait évoqué la Bessarabie, c'était Khrouchtchev. L'héritage de la période de Dej, qui portait en germe le national-communisme roumain, est *in fine* assumé. Le nationalisme avait procuré à Ceaușescu un levier de mobilisation populaire énergique à d'autres moments de tension dans les relations roumano-soviétiques – que l'on se remémore par exemple le 21 août 1968, lorsqu'après l'intervention des troupes du pacte de Varsovie à Prague, Ceaușescu avait prononcé du haut du balcon du Comité central un discours dans lequel il appelait le peuple à faire front derrière ses leaders, face à la menace extérieure. Lors de cette « scène du balcon », le discours nationaliste et l'appel à défendre la patrie en danger avaient porté leurs fruits en termes de

[77] ANIC, CC al PCR, Cancelarie, 76/1989, rapport de Nicolae Ceaușescu, 20 novembre 1989, p. 115-116, consulté le 21 décembre 2016 sur le site : http://www.cnsas.ro/documente/istoria_comunism/congrese/1989%20Raport%20la%20Congresul%20al%20XIV-lea%20al%20PCR.pdf.

[78] Pour de larges extraits des minutes de la réunion du Comité politique exécutif (CPEx) du 13 novembre 1989, cf. ANIC, CC al PCR, Cancelarie, 63/1989, *apud* Ion CONSTANTIN, *Problema Basarabiei…*, *op. cit.*, p. 260-262.

légitimation politique[79]. Fin 1989, malgré la convocation inédite de l'argument territorial, ces mêmes leviers se révèlent totalement inefficaces.

[79] Nous nous permettons de renvoyer à Irina GRIDAN, « Les communistes roumains face à la foule à l'été 1968 : stratégies discursives et scénographies mobilisatrices », *in* EAD., Raphaëlle LAIGNOUX (dir.), *Le Pouvoir face à la foule : séductions et oppositions, Actes des rencontres de l'École doctorale d'histoire de l'université Paris I du 14 novembre 2009. Hypothèses 2010*, Paris, Publications de la Sorbonne, 2011, 310 p., p. 39-50.

Perspectives

L'impact des programmes de développement sur la gouvernance en Moldavie

Amandine SABOURIN

La plupart des observateurs des politiques de développement s'accordent sur le constat de leur échec[1]. La manière dont elles sont formulées et conduites depuis la période de décolonisation n'est pas concluante du point de vue de leur principal objectif : réduire la pauvreté dans les pays du Sud. Les principes, légitimement posés au niveau international, d'appropriation et de responsabilité des bénéficiaires, sont utilisés par ces derniers pour justifier un déplacement des objectifs de l'aide publique au développement (APD), sans que les résultats des programmes de développement en soient meilleurs. Ainsi, en quoi la mesure du développement telle qu'elle est pensée et mise en œuvre actuellement

[1] Voir par exemple les développements de Olivier NAY, « Les politiques de développement », *in* Olivier BORRAZ *et al.* (dir.), *Politiques publiques 2*, Paris, Presses de Sciences Po, 2010, 319 p., p. 139-170 et de Philippe HUGON, « Dix ans de politique de développement économique : échec ou réussite ? », *Revue internationale et stratégique* 2001/1, nº 41, p. 111-120.

permet-elle d'influencer une amélioration de la gouvernance dans les pays en développement bénéficiaires de l'aide ? La mise en place d'indicateurs et de processus de suivi de l'aide par secteur a-t-elle réellement un impact sur le développement démocratique de ces pays ? Le cas de la Moldavie semble éclairer la question de la pertinence des outils de l'APD en vue d'accompagner les processus de démocratisation. S'il illustre une tendance générale de l'évolution des programmes de développement vers un rééquilibrage entre investissements et gouvernance, il montre aussi les limites de ces programmes en termes d'efficacité, et ce malgré les efforts des bailleurs de fonds et du bénéficiaire afin de mettre en œuvre les principes internationaux de l'aide. Les indicateurs de suivi de cette dernière semblent aider à situer les pays les uns par rapport aux autres, mais ne constitueraient pas un appui majeur en termes de développement.

Notre propos ici est ainsi d'interroger la manière dont les programmes de développement contribuent à l'amélioration de la gouvernance. Après avoir discuté l'émergence de la gouvernance comme indicateur de progrès dans les pays en développement, nous appliquerons ces éléments théoriques à notre terrain, la République de Moldavie. Cela nous permettra de confronter l'engouement des donateurs pour ce petit pays enclavé souvent qualifié, jusqu'en 2014, de « bon élève du Partenariat oriental », à l'apparente inefficacité des programmes visant à en améliorer la gouvernance.

Mesurer les progrès de développement : la gouvernance comme indicateur ?

La mesure du développement est au cœur des débats de nombreux forums et de groupes ayant pour objectif de discuter les stratégies et les pratiques de l'aide au développement, voire de l'action publique en général[2]. C'est le cas du Forum économique mondial, qui a récemment publié plusieurs analyses et points de vue remettant en cause la place centrale de la croissance du produit intérieur brut (PIB) comme mesure unique de développement d'un pays[3]. Le PIB y est présenté comme un indicateur de progrès finalement assez pauvre, court-termiste, et dont le lien avec la notion même de progrès et d'amélioration des vies humaines est discutable[4]. En présentant son approche des

---

[2] Voir sur ce sujet, dans la littérature académique francophone, Philippe HUGON, « La mesure du développement est-elle l'expression de rapports de pouvoir ? Application au champ de l'éducation », *Revue Tiers Monde*, 2013/1, n° 213, p. 105-121 ; Jean-Jacques GABAS, Vincent RIBIER, Michel VERNIERES, « La mesure du développement : comment science et politique se conjuguent », *Revue Tiers Monde*, 2013/1, n° 213, p. 7-22 et Jean-Jacques GABAS, Vincent RIBIER, « Les déterminants politiques de la mesure de l'aide au développement », *Revue Tiers Monde*, 2013/1, n° 213, p. 33-50. Voir aussi, sur l'évolution de la dynamique des indicateurs dans le contexte des objectifs du développement durable : Hubert GERARDIN, Stéphanie DOS SANTOS, Bénédicte GASTINEAU, « Présentation. Des objectifs du millénaire pour le développement aux objectifs de développement durable : la problématique des indicateurs », *Mondes en développement*, 2016/2, n° 174, p. 7-14 et enfin Merilee S. GRINDLE, « Good Enough Governance: Poverty Reduction and Reform in Developing Countries », *Governance: An international journal of Policy, Administration and Institutions*, vol. 17, n° 4, octobre 2004, p. 525-548.

[3] Pour une brève présentation des récentes analyses du Forum économique mondial, voir la synthèse publiée par Ross Chainey le 13 avril 2016 sur le site du WEF, consulté le 16 mai 2016 : https://www.weforum.org/agenda/2016/04/beyond-gdp-is-it-time-to-rethink-the-way-we-measure-growth.

[4] Lors de la réunion annuelle du forum à Davos du 20 au 23 janvier 2016, Joseph Stiglitz parle en effet du PIB comme « un indicateur de progrès pauvre » et déclare que « ce que nous mesurons renseigne sur ce que nous faisons. Et si nous mesurons la mauvaise chose, nous allons faire une mauvaise chose. ».

Sur la remise en cause du PIB comme mesure de progrès économique, cf. https://www.weforum.org/focus/beyond-gdp, site consulté le 16 mai 2016. Cela fait écho à une publication antérieure où Stiglitz, Sen et Fitoussi remettaient en cause l'hégémonie du PIB dans la mesure du

capabilities des individus, dont la démocratie serait le prolongement, Amartya Sen avait déjà relevé cette question dans les années 1990[5] et avait contribué à la mise en place dès 1990 d'un nouvel ensemble d'indicateurs de progrès par le Programme des Nations Unies pour le développement (PNUD) : l'index du développement humain (IDH)[6]. Ce dernier est publié chaque année et propose une analyse beaucoup plus fine du développement d'un pays, en se basant notamment sur un plus grand nombre d'indicateurs[7]. De même, Douglas C. North avait rappelé en 1990 que les institutions comptent[8], ce qui avait lancé un nouveau courant de réflexion sur leur place dans le développement économique[9]. Récemment, des économistes ont mis en évidence l'importance de la gouvernance comme indicateur de développement[10].

---

développement : Joseph STIGLITZ, Amartya SEN, Jean-Paul FITOUSSI, *Vers de nouveaux systèmes de mesure*, Paris, Odile Jacob, 2009, 432 p.

[5] Amartya SEN, *Development as Freedom*, Oxford, Oxford University Press, 1999, 366 p. Sen ajoute une dimension philosophique aux théories économiques du développement, en présentant l'idée qu'un agent économique est aussi un individu, dont la privation de libertés ne permet pas d'utiliser au mieux les ressources rendues disponibles par la société pour les besoins fondamentaux. Il pose aussi la démocratie comme préalable au développement.

[6] Sakiko FUKUDA-PARR, « The Human Development Paradigm: Operationalizing Sen's Ideas on Capabilities », *Feminist Economics,* n° 9, 2003, p. 301–317.

[7] Pour quelques définitions du développement humain (Nations Unies) : http://hdr.undp.org/fr/content/à-propos-du-développement-humain, site consulté le 16 mai 2016.

[8] Douglas C. NORTH, *Institutions, Institutional Change and Economic Performance*, New York, Cambridge University Press, 1990, 159 p.

[9] ID., « Economic Performance through Time, Prize Lecture, Lecture to the memory of Alfred Nobel, 1993 », ID., « Some Fundamental Puzzles in Economic History/Development », *in* W. Brian ARTHUR, Steven N. DURLAUF, David A. LANE (dir.), *The Economy as an Evolving Complex System II*, Londres, Addison-Wesley, 1997, 608 p., p. 223-237.

[10] Dans un article publié sur le site du Forum économique mondial, Michael Spence suggère que la gouvernance joue un rôle central dans

C'est dans ce contexte que nous choisissons d'étudier les programmes de développement sous l'angle de la gouvernance. Apparue dans les années 1990 pour décrire et analyser l'action collective[11], cette notion a donné lieu à de nombreuses définitions successives, comme le montrent Isabelle Lacroix et Pier-Olivier St-Arnaud[12]. De même que les paradigmes de l'aide au développement ont évolué au fil du temps[13], le concept de gouvernance a fait l'objet de définitions fluctuantes mais qui ont toutes un besoin commun : refléter l'évolution de l'action publique. La gouvernance, entendue comme « processus de prise de décision collective et mise en œuvre des politiques publiques », est « utilisée pour tenir compte de préoccupations plus larges incluant normes et processus relatifs à la fourniture de biens publics »[14]. Elle traduit donc une préoccupation centrale de l'action collective : l'amélioration des conditions dans lesquelles les biens publics sont fournis par une société, par le biais de son administration et de ses représentants. Dans le détail, cinq

---

l'amélioration des niveaux de bien-être (« governance and smart policy making play a critical role in raising levels of well-being ») : https://www.weforum.org/agenda/2016/03/a-michael-spence-on-how-governance-improves-countries-well-being/ site consulté le 16 mai 2016.

11 Cf. Olivier PAYE, « La gouvernance : D'une notion polysémique à un concept politologique », *Études internationales*, vol. 36, n° 1, 2005, p. 13-40 : l'auteur estime que les économistes et politistes anglo-saxons ont fait réapparaître le terme de *governance* dans les années 1990 pour désigner « l'art ou la manière de gouverner ».

12 Isabelle LACROIX, Pier-Olivier ST-ARNAUD, « La gouvernance, tenter une définition », *Cahiers de recherche en politique appliquée*, vol. IV, n° 3, 2012, p. 15-28.

13 Jean-Michel SEVERINO, Olivier CHARNOZ, *L'Aide publique au développement*, Paris, Éditions La Découverte, 2015, 128 p. et Jean-Michel SEVERINO, Jean-Michel DEBRAT, *L'Aide au développement*, Paris, Le Cavalier Bleu, 2010, 127 p.

14 Iain MCLEAN, Alistair MCMILLAN, *The Concise Oxford Dictionary of Politics*, Oxford, Oxford University Press, 2009, 599 p.

principes peuvent être retenus comme garants de « l'art de la gouvernance »[15] : la légitimité de l'exercice du pouvoir et son enracinement ; la conformité à l'idéal démocratique et à l'exercice de la citoyenneté ; la compétence et l'efficacité ; la coopération et le partenariat ; les relations entre le local et le global.

Dans les programmes de développement, la gouvernance n'a pas toujours eu une place centrale, mais elle a très tôt été définie par les bailleurs de fonds, dont certains – la Banque mondiale, le PNUD, l'Organisation de coopération et de développement économiques (OCDE) et la Commission européenne, pour n'en citer que quatre – l'ont remise au goût du jour. « Bonne gouvernance » ou « gouvernance démocratique », les concepts évoluent au gré des programmes de développement mis en œuvre en partenariat avec les pays bénéficiaires. Aujourd'hui, la gouvernance fait figure d'incontournable et pourrait être assimilée à une nouvelle conditionnalité de l'aide au développement[16]. Dans son *Livre blanc sur la gouvernance européenne*, la Commission européenne la définit comme l'ensemble des « règles, processus et comportements qui influent sur l'exercice des

---

15 Pierre CALAME, *La Contribution de l'Union européenne au débat international sur la gouvernance*, 2002, site de l'Institut de recherche et de débat sur la gouvernance démocratique (IRG) consulté le 25 mai 2016 : http://www.institut-gouvernance.org/fr/analyse/fiche-analyse-178.html.

16 Même si l'OCDE a établi que plus de 88 % de l'aide n'est plus conditionnée par l'achat de biens ou de services chez le donateur, la question de Severino et Debrat reste d'actualité : « L'aide ne sert-elle pas les seuls intérêts des pays donateurs ? » Cf. Jean-Michel SEVERINO, Jean-Michel DEBRAT, *op. cit.* La Commission européenne se défend également de présenter la gouvernance comme une nouvelle conditionnalité : « Il ne s'agit pas de nouvelles conditionnalités mais de nouvelles possibilités de financement », discours de Louis Michel à l'ouverture des journées européennes du développement, 15 novembre 2006, *apud* Maxime MONTAGNER, *Le livre blanc sur la gouvernance européenne*, site internet de l'IRG consulté le 23 mai 2016 : http://www.institut-gouvernance.org/fr/document/fiche-document-58.html.

pouvoirs [...], particulièrement du point de vue de l'ouverture, de la participation, de la responsabilité, de l'efficacité et de la cohérence[17] ». De même, la Banque mondiale a recours à une définition plutôt large de la bonne gouvernance, qui correspond à « la manière dont le pouvoir est exercé dans la gestion publique des ressources économiques et sociales en vue du développement[18] ». Plus récemment, le PNUD a apporté une définition plus ciblée sur la participation citoyenne :

> « La gouvernance peut être comprise comme l'exercice d'une autorité économique, politique et administrative pour gérer les affaires d'un pays à tous les niveaux. Cela comprend les mécanismes, les processus et les institutions à travers lesquelles des citoyens et des groupes articulent leurs intérêts, exercent leurs droits, assument leurs devoirs et arbitrent leurs différences[19]. »

Nous avons entrepris de questionner les programmes de développement afin de mesurer leur impact sur la gouvernance. La « bonne gouvernance » apparaît

---

[17] Commission européenne, *Gouvernance européenne – Un livre blanc*, Communication de la commission européenne [COM(2001) 428 final – *Journal officiel* C 287 du 12.10.2001], consulté le 13 mai 2016 sur le site http://eur-lex.europa.eu/legal-content/FR/AUTO/?uri=celex:52001DC0428. Voir aussi Commission européenne, *La Gouvernance dans le consensus européen pour le développement. Vers une approche harmonisée au sein de l'Union européenne*, Communication de la Commission au Conseil, au Parlement Européen et au Comité économique et social européen et au Comité des régions, 2006, consulté le 23 mai 2016 sur le site : http://eur-lex.europa.eu/legal-content/FR/TXT/?uri=celex%3A52006DC0421.

[18] Banque mondiale, *Managing Developpement – the governance dimension*, Washington, World Bank, 1996.

[19] United Nations, Economic and Social Council, *Definition of basic concepts and terminologies in governance and public administration*, Committee of Experts on Public Administration, Fifth session, New York, 27-31 March 2006, http://unpan1.un.org/intradoc/groups/public/documents/un/unpan022332.pdf, consulté le 25 mai 2016.

progressivement comme une nouvelle conditionnalité de l'aide. Mais la causalité entre les programmes de développement, leurs résultats et les progrès sectoriels de la gouvernance n'est pas établie au préalable. En effet, cette dernière devrait se construire de l'intérieur[20], sur la durée et sur le fondement d'une impulsion politique forte. Particulièrement dans le domaine que nous étudions, les programmes de développement ont un rôle d'accompagnement[21] et, d'après les usages et les principes internationaux sur l'efficacité de l'aide, ne peuvent se substituer à la volonté affichée par le bénéficiaire. La difficulté de notre exercice réside ainsi dans l'analyse du lien entre les programmes de développement et l'évolution des modes de fonctionnement des institutions.

La Moldavie, bon élève du Partenariat oriental ?

Le choix de la République de Moldavie, État fragile d'Europe de l'Est, ancienne république soviétique, enclavé entre l'Ukraine et la Roumanie, n'est pas anodin. À peine plus grande que la Belgique, cette bande de terre de 33 800 km^2, sans accès direct à la mer, a une population évaluée à trois millions d'habitants. La Moldavie est un État jeune : en 2016, elle fêtait les vingt-cinq ans de son indépendance. Son positionnement géographique en fait un défi géopolitique : tiraillée entre l'Union européenne (UE) et le grand frère russe, la République de Moldavie souffre également d'une amputation territoriale à l'Est, où la « République de Transnistrie » est sécessionniste depuis

---

[20] C'est notamment ce que montre Jean-Pierre GAUDIN, *Pourquoi la gouvernance ?* Paris, Presses de Sciences Po, 2002, 137 p.

[21] Voir sur ce point par exemple l'ouvrage de Guy HERMET, *Exporter la démocratie*, Paris, Presses de Sciences Po, 2008, 140 p., qui pose la question de la transition démocratique dans les jeunes démocraties, et notamment du rôle des acteurs gouvernementaux et non-gouvernementaux dans le processus de démocratisation.

1990, sur la rive gauche du fleuve Nistru. Ce conflit gelé pèse sur le développement économique du pays et la question de son règlement, soutenu par quelques grands pays ou organisations internationales partenaires (Allemagne, Organisation pour la sécurité et la coopération en Europe, Russie, UE), continue de peser sur les orientations politiques du pays. Celui-ci souffre également d'une situation démographique précaire, dans la mesure où une grande partie de la population réside à l'étranger et constitue une vaste diaspora qui lui fait défaut, notamment en tant que force de travail, mais dont les revenus contribueraient à hauteur de 30 à 35 % du PIB moldave. Enfin, par son PIB très bas, la Moldavie est le pays le plus pauvre d'Europe : en 2014, le PIB nominal s'élevait à 6 milliards d'euros[22]. Le budget de l'État moldave est également très faible et sa constitution comme sa gestion révèlent différents problèmes avec, en tête, celui de la gestion des fonds publics. L'impôt se prélève mal ; la corruption a atteint un niveau élevé et une forme endémique ; la fonction publique ne bénéficie ni d'un statut modernisé ni d'une grille salariale attractive, ce qui engendre un fort *turn-over*. Cela fait de la Moldavie un État fragile, vulnérable sous plusieurs aspects qui, malgré les centaines de millions d'euros annuels d'APD, peine à se démocratiser et à lutter contre la corruption.

---

[22] Pour comparaison, les PIB français et allemands étaient respectivement de 2 142 et 2 904 milliards d'euros en 2014. Avec 7,6 milliards de dollars, le PIB moldave est d'un niveau comparable à celui de l'Ancienne République yougoslave de Macédoine (8 milliards d'euros en 2013, d'après Eurostat).
Données consultées sur le site Eurostat le 3 mai 2016 : http://ec.europa.eu/eurostat/statistics-explained/index.php/File:GDP_at_current_market_prices,_2003–04_and_2012–14_YB15.png.

À partir de 2011, un engagement fort des donateurs pour la Moldavie

Sur le plan régional, la Moldavie fait partie du Partenariat oriental et, à ce titre, elle bénéficie des instruments de la Politique européenne de voisinage. Les relations entre l'UE et la République de Moldavie datent de novembre 1994, quand un accord de partenariat et de coopération a été signé pour une période initiale de dix ans ; il est entré en vigueur le 1er juillet 1998. Les objectifs de départ de ce partenariat comprenaient le renforcement de la démocratie et de l'État de droit, tout en s'assurant du respect des droits de l'homme et des minorités ; ils visaient le développement d'un dialogue politique, mais aussi la finalisation d'un processus de transition vers une économie de marché et la mise en place d'un climat d'investissement sain et de relations économiques harmonisées. À la suite de cette période initiale, la Moldavie est devenue un des seize pays du voisinage avec lesquels l'Union européenne entretient des relations privilégiées. Depuis 2004, elle a en effet été incluse dans la Politique européenne de voisinage, au titre de laquelle un plan d'action Moldavie – UE a été signé en 2005. Les relations entre l'UE et la Moldavie se sont intensifiées dès 2008[23], par l'amorce de discussions en vue d'initier un partenariat économique dont la forme n'était, alors, pas encore scellée. Négocié à partir de 2010[24], signé en juin 2014,

---

23 En 2008, le Partenariat oriental de l'UE prenait forme, partiellement en réponse à la mise en place d'une « Europe pour la Méditerranée » proposée par Nicolas Sarkozy le soir de son élection en tant que Président de la République française. Cf. Florence GAUB, Nicu POPESCU, « The EU neighbours 1995-2015: shades of grey », Chaillot Paper n° 136, Paris, EU Institute for Security Studies, 2015.

24 Les négociations en vue d'un accord d'association ont débuté en janvier 2010. Elles impliquent le rattrapage d'une partie de l'acquis communautaire dans bon nombre de secteurs, dont celui de la gouvernance. La signature de l'accord suppose en effet la mise en

l'accord d'association entre l'UE et la Moldavie comprend un accord complet et approfondi de libre-échange[25]. Sa conclusion est perçue, depuis Bruxelles et quelques capitales européennes (Stockholm et Varsovie en tête), comme une solution aux maux de la Moldavie : la situation de la région transnistrienne pourrait *de facto* connaître une amélioration, les investissements étrangers pourraient être encouragés par l'accord de libre-échange qui y est adjoint, la supposée création de richesses consécutive du libre-échange avec l'UE constituerait un signe favorable au retour des migrants moldaves en Moldavie[26].

À cette époque, l'intérêt européen de la Moldavie s'est en effet confirmé politiquement par l'élection, fin 2009, de l'Alliance pour l'intégration européenne[27], demeurée au

---

conformité de la législation moldave dans plusieurs domaines, listés par chapitres.

25 Sur l'accord de libre-échange UE-Moldavie, lire : http://ec.europa.eu/trade/policy/policy-making/analysis/sustainability-impact-assessments/assessments/#study-geo-15. Des accords de libre-échange complets et approfondis signés respectivement par la Géorgie, la Moldavie et l'Ukraine avec l'UE font partie des accords d'association liant ces pays à l'organisation européenne. À la différence des accords de libre-échange « simples », ils incluent le domaine des services. La réciprocité de l'ouverture des marchés entre les deux aires géographiques est garantie en cas de mise en œuvre complète de l'acquis communautaire par le pays partenaire de l'UE signataire de l'accord.

26 Sur le plan migratoire, plusieurs accords encadrent les relations entre l'UE et la Moldavie : un accord de réadmission et de facilitation des visas a pris effet en janvier 2008 ; un partenariat pour la mobilité a été signé en juin 2008 ; un accord de libéralisation des visas existe depuis le 28 avril 2014. Enfin, la Moldavie est membre de la Communauté de l'énergie depuis 2010 et signataire du traité de la Communauté de l'énergie.

27 2009 a été une année agitée politiquement en Moldavie : les élections parlementaires du 5 avril ont engendré des émeutes à Chişinău ; de nouvelles élections ont été organisées le 29 juillet 2009. Les résultats de ces dernières ont fait apparaître l'Alliance pour l'intégration européenne, nouvelle coalition de gouvernement, qui a pris ses fonctions le 25 septembre 2009. De nouvelles élections parlementaires ont eu lieu le

pouvoir jusqu'aux nouvelles élections parlementaires du 30 novembre 2014. La période étudiée s'étend donc de 2010 à 2014 : elle correspond à un engagement politique en faveur d'un renforcement démocratique en Moldavie, mais ne recoupe pas un intervalle de programmation pluriannuelle des grands bailleurs de fonds identifiés. Les orientations politiques de l'alliance au pouvoir, en faveur de l'intégration de la Moldavie à l'Union européenne, en font cependant une période d'intérêt pour tenter de mesurer l'impact des programmes de développement, dont celui de l'UE, sur la gouvernance du pays. La relation entre l'UE et la Moldavie est au cœur des débats et fait de l'UE le principal partenaire de développement de la Moldavie, du moins en chiffres. Pour 2014, la Moldavie aurait reçu un total d'APD autour de 380 millions d'euros, ce qui représente un peu moins de 4 % du produit intérieur brut du pays ; l'Union européenne a déboursé 103 millions d'euros, les États-Unis un peu moins de 80 millions d'euros, la Banque mondiale autour de 70 millions d'euros et les Nations Unies 36 millions d'euros[28].

Globalement, la République de Moldavie bénéficie d'une aide au développement conséquente au vu de ses trois millions d'habitants. L'Union européenne, avec ses États membres et la Banque européenne d'investissement, arrive en tête des bailleurs de fonds en Moldavie, suivis de près par la Banque mondiale et les États-Unis. Pour comparaison et pour avoir quelques ordres de grandeur en tête, il convient

---

28 novembre 2010 et ont confirmé l'orientation pro-européenne de l'alliance au pouvoir.

28 Les chiffres varient selon les sources consultées, moldaves ou internationales. Selon le ministère des Finances, la Moldavie aurait reçu, en 2014, 394 millions d'euros au titre de l'APD. Nous utilisons ici les chiffres du tableau récapitulatif du rapport moldave de 2014 sur l'aide extérieure fournie par les partenaires de développement, *Cooperarea pentru Dezvoltare, Raport anual 2014 cu privire la Asistența Externă acordată Republicii Moldova*, Chișinău, Chancellerie d'État, 2015, p. 36.

de rappeler que les flux de revenus des migrants sont en moyenne trois fois plus importants que les volumes annuels d'aide publique au développement, eux-mêmes deux à trois fois plus importants que les investissements directs étrangers. Néanmoins, ramenée au nombre d'habitants, l'aide dont bénéficie la Moldavie figure parmi les plus importantes au monde. D'après la Banque mondiale, la Moldavie reçoit 145 dollars US d'aide publique au développement par habitant, ce qui la place au 31e rang mondial, juste derrière la Géorgie (150 dollars US)[29].

Flux financiers majeurs pour la République de Moldavie, en millions d'euros

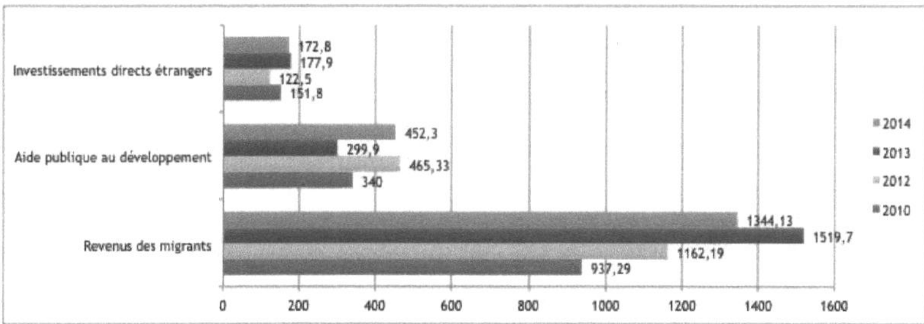

Extrait du rapport annuel de l'aide extérieure de la Moldavie (2014)

[29] Les premiers du classement, dont le détail figure sur le site web de la Banque Mondiale, (page consultée le 15 avril 2016 : http://data.worldbank.org/indicator/DT.ODA.ODAT.PC.ZS?end=2014&locations=MD-UA-BY-1W-PS-GE-JO-XK&start=1999&year_high_desc=false), bénéficiaient, en 2014, jusqu'à près de 3 500 dollars US par habitant. L'essentiel des vingt premiers bénéficiaires d'aide par habitant sont des micro-États insulaires. À titre de comparaison, la bande de Gaza et la Cisjordanie réunies ont reçu 578 dollars US par habitant en 2014, le Kosovo 319 et la Syrie 223.

Une réponse du gouvernement moldave en trompe-l'œil : des réformes sur le papier, souvent pas mises en œuvre

Sur le papier, le gouvernement moldave déploie des efforts importants en vue de moderniser sa législation et de mettre en œuvre des mécanismes renouvelés pour améliorer la gouvernance dans le pays.

Dans sa stratégie de développement national « Moldova 2020 »[30], le gouvernement moldave a choisi de souligner un certain nombre de priorités, une sorte de feuille de route pour la période législative d'alors : améliorer les infrastructures et construire un système routier de bonne qualité, renforcer son indépendance et son efficacité énergétiques, se doter d'une justice responsable et incorruptible, renforcer le système financier et les échanges commerciaux, réformer le système éducatif, structurer et renforcer le secteur agricole et assainir le climat d'affaires.

Pour rendre ce programme opérationnel, un plan d'action a été mis en place pour la période 2011-2014, qui faisait apparaître un certain nombre de priorités en vue d'accélérer le chemin de la Moldavie vers l'intégration européenne[31]. La première priorité énoncée par le gouvernement était la « construction d'un État de droit » : promulgation d'une nouvelle constitution, protection des droits de l'homme, réforme judiciaire, révision du cadre sécuritaire et de l'ordre public, renforcement du système anticorruption et de l'intégrité nationale, libéralisation des médias et liberté d'expression, ainsi qu'un renforcement de la société civile et de son implication dans le processus de prise de décision. Après les politiques économiques et financières, la troisième

---

[30] Loi 166 du 11 juillet 2012, pour approbation de la *Stratégie nationale de développement Moldova 2020*, consultée le 2 mai 2016 :
http://lex.justice.md/index.php?action=view&view=doc&id=345635.

[31] Guvernul Republicii Moldova, *European Integration: Freedom, Democracy and Welfare, Activity program 2011-2014*, Chişinău, Chancellerie d'État, 2011.

priorité affichée était alors la mise en place d'une administration publique responsable et efficace. Pour ce faire, une réforme de l'administration centrale allait de pair avec la décentralisation, avec pour objectif de renforcer l'autonomie des collectivités locales. De même, l'administration devait se réorienter vers l'une de ses missions fondamentales : le service aux citoyens. Enfin, la coordination de l'aide extérieure apparaissait comme nécessaire.

Une série de mesures sont adoptées dès 2011-2012, visant à confirmer ces engagements politiques : une loi sur l'égalité, une réforme du centre de lutte contre les crimes économiques et la corruption, une stratégie de décentralisation, une stratégie pour le développement de la société civile, une stratégie de réforme pour le domaine de la justice avec un plan d'action sur six ans, une stratégie de développement régional, une loi sur la transparence du processus de décision établissant un conseil national de la participation, l'apparition de l'*open data* et du e-gouvernement comme moyen de renforcer la responsabilité des décideurs et de diminuer la corruption.

Après un passage à vide de quelques mois en 2013, la Moldavie n'a pas entièrement regagné le crédit que ses institutions ont perdu dans ces crises politiques entre les partis de la coalition[32]. Les réformes semblent interrompues, au point mort, et l'engouement des donateurs internationaux s'étiole peu à peu. Au cours de la deuxième partie de son mandat, le gouvernement compte néanmoins à son crédit quelques victoires politiques, comme la signature de l'accord d'association entre l'UE et la Moldavie (paraphé fin novembre 2013 et signé fin juin 2014), la libéralisation des visas et la suppression des visas court séjour à destination

32 Au cours du premier semestre 2013, le gouvernement de Vlad Filat a démissionné suite à une motion de censure du Parlement, ouvrant une période d'instabilité politique.

des pays de l'Union européenne (avril 2014). Ces deux engagements politiques forts sont le fruit de nombreux efforts déployés par l'administration moldave[33], qui avait pour but de montrer à la communauté internationale qu'elle était capable d'atteindre des objectifs politiques *a priori* ambitieux. La signature de cet accord et la mise en œuvre de la libéralisation des visas se sont accompagnées d'une série de mesures visant à donner des garanties sur les secteurs de l'intérieur et de la justice.

Certaines réformes ont en effet été poursuivies, comme celle du secteur judiciaire et du dispositif anticorruption, ou encore celle des finances publiques. Dans le domaine de la justice en général, quelques résultats peuvent être clairement énoncés, comme la mise en place d'un centre de détention pour mineurs qui correspond aux standards internationaux et une augmentation des salaires du secteur judiciaire. Ce sont autant de lois qui devaient contribuer à l'assainissement d'un secteur de la gouvernance particulièrement corrompu. Le résultat est moins convaincant qu'il le pourrait au vu des efforts déployés par le gouvernement élu en 2009. En effet, si de nombreuses lois ont été adoptées, souvent pour intégrer l'acquis communautaire au droit moldave[34], beaucoup n'ont pas été mises en œuvre ou l'ont été avec beaucoup de retard, ce qui pose de fait la question des progrès réels de la Moldavie. Dans le domaine de la gouvernance en particulier, certaines initiatives ont été menées à bien, comme l'augmentation de salaire des juges ou encore l'optimisation des procédures et de la carte

---

[33] Entretien avec un rédacteur du ministère moldave des Affaires étrangères et de l'Intégration européenne, décembre 2015.

[34] L'acquis communautaire rassemble l'ensemble de la législation harmonisée en vigueur au sein de l'Union européenne qui s'applique à tous ses États membres. C'est l'un des critères de Copenhague, dont la mise en œuvre s'impose, depuis 1993, aux pays candidats avant leur adhésion à l'UE.

judiciaires[35]. D'autres n'ont pas été mises en œuvre ou l'ont été tardivement. Certains observateurs rencontrés mettent en avant une absence de volonté politique ou des raisons objectives comme le manque de réalisme de certaines mesures, qui n'auraient pas toujours permis de mettre en œuvre les réformes engagées. D'un côté, la réforme du parquet ou celle du dispositif anticorruption ont, par exemple, été retardées de presque deux ans, principalement pour des raisons politiques, d'après certains observateurs. D'un autre côté, la réforme de la transparence des cours a partiellement échoué en raison de son incompatibilité avec une autre réforme, la dépersonnalisation de la décision de cour, imposée par la législation en faveur de la protection des données. Globalement, après une inflation législative rapide en 2011, c'est la mise en œuvre de cette réforme qui pose problème, et c'est ce que soulignent régulièrement la société civile et les donateurs actifs dans ce domaine.

Ainsi rapidement dressé, un inventaire – non exhaustif – des réformes moldaves dans le domaine étudié nous permet de constater la mise en place de diverses stratégies par le gouvernement moldave pour combattre la corruption endémique dans le pays et assainir le secteur de la justice. Ces réformes ont été, sinon encouragées, du moins facilitées par les fonds apportés par les donateurs internationaux présents en Moldavie. Pendant cette période, la Moldavie a été particulièrement encouragée par ces derniers, notamment par l'Union européenne, qui considérait le pays comme le « bon élève du Partenariat oriental ». Cette position a changé depuis, ce que montrent bien les conclusions du Conseil des affaires étrangères de février 2016 : s'il « réaffirme son

---

[35] Sur ce dernier point, voir une étude de faisabilité réalisée en appui de la réforme et publiée par le Centre de ressources juridiques de la Moldavie, ONG locale qui contribue à la réflexion sur l'évolution du secteur de la justice, en réalisant des études notamment financées par des donateurs. L'étude a été consultée en mars 2017 à l'adresse : http://crjm.org/wp-content/uploads/2015/08/Moldova-Court-optimiz.pdf.

engagement en faveur du renforcement de l'association politique et de l'intégration économique entre l'UE et la République de Moldavie », le Conseil rappelle aussi que « des résultats tangibles en matière de réformes sont nécessaires pour rétablir la confiance », notamment sur les questions de gouvernance ; « les réformes visant à remédier à la politisation des institutions publiques et à la corruption systémique, ainsi qu'à la réforme de l'administration publique visant notamment à renforcer l'efficacité des organismes de réglementation, la transparence et la responsabilité dans la gestion des finances publiques et dans l'élaboration des politiques[36] » devraient être des priorités du gouvernement en place.

La Moldavie dans le bas du classement en termes de gouvernance

La gouvernance compte au nombre des priorités affichées du gouvernement moldave pour la période étudiée (2011-2014). La Moldavie fait alors encore figure, d'après l'Union européenne, de « bon élève du Partenariat oriental », alors que la démocratie moldave est louée par la stratégie pluriannuelle de l'Agence des États-Unis pour le développement international (USAID) comme étant « la plus forte » en Europe de l'Est, mais aussi « limite et non consolidée »[37] L'aide apportée par les donateurs ne se limite

[36] Conseil de l'Union européenne, Conseil des affaires étrangères du 15 février 2016, conclusions sur la Moldavie, consultées en novembre 2015 :
http://www.consilium.europa.eu/fr/press/press-releases/2016/02/15-fac-moldova-conclusions/.

[37] Extrait du rapport de l'agence USAID : USAID's Center of Excellence on Democracy, Human Rights and Governance, « An Analysis of the State of Democracy and Governance in Moldova », décembre 2012, p. 9, disponible sur le site
https://www.usaid.gov/documents/1863/analysis-state-democracy-and-governance-moldova (consulté le 10 mai 2016).

pas à des investissements pour des infrastructures. Au contraire, une part importante vise à renforcer les capacités des institutions et à consolider les réformes sectorielles, dans le domaine de la justice notamment. Malgré cela, les indicateurs de gouvernance continuent de placer la Moldavie dans le bas du tableau : la corruption est toujours endémique, l'indépendance de la justice est encore très limitée.

Pour évaluer les progrès en termes de gouvernance, quelques indicateurs nous permettent de dire, par exemple, que la sécurité juridique n'est pas toujours assurée. Le nombre excessif de lois votées entraîne un problème de stabilité du système judiciaire. En dix ans, la loi sur le Conseil supérieur de la magistrature a par exemple été modifiée treize fois. Le temps de la fabrique de la loi est long et ne permet pas de faire apparaître des résultats convaincants. La stratégie anticorruption a par exemple mis deux années à être adoptée, pour un programme d'action de quatre ans. Enfin, le degré d'indépendance de la justice est, d'après le classement de Freedom House « Nations in Transit », encore très faible, oscillant entre 4,75 et 4,5 sur la période étudiée, sur une échelle de 1 à 7.

De même, le niveau de corruption et de démocratie est évalué par deux index internationaux qui, tous deux, traduisent d'assez mauvais scores pour la Moldavie. Entre 2010 et 2014, passant de 5,14 à 4,86, l'index global « democracy score » de Freedom House indique une tendance positive : le processus démocratique aurait tendance à s'améliorer. Néanmoins, on est bien loin d'un niveau élevé de démocratie (1 sur 7). Décomposé en plusieurs indicateurs, cet index montre alors que la corruption (5,75 ou 6/7), l'indépendance judiciaire (4,50 ou 4,75/7), la gouvernance locale (5,75/7) et nationale (de 6 à

5,50/7) restent bien dans le bas du tableau[38]. Enfin, d'après le Corruption Perceptions Index de Transparency International, la Moldavie demeure là aussi dans la deuxième moitié du classement, évoluant peu : de 105e sur 178 en 2010, elle est passée 103e sur 174 en 2014[39]. Selon ces classements internationaux, la Moldavie occupe la troisième place au sein du Partenariat oriental.

Notre question de départ visait à comprendre en quoi les programmes de développement contribuent ou non à l'amélioration de la gouvernance en Moldavie. Pour y répondre, il faut prendre en considération à la fois des facteurs endogènes et exogènes : les programmes de développement ne permettent pas, en soi, d'améliorer la gouvernance démocratique d'un pays. Les programmes d'aide en provenance des donateurs forment un tout indissociable des conditions politiques dans lesquelles cette aide est octroyée et mise en œuvre. En ce sens, il faudrait pouvoir isoler facteurs endogènes et hexogènes afin de comprendre les mécanismes qui sont à l'œuvre. La difficulté de l'exercice consiste en effet à démontrer que cette conditionnalité de l'aide, une conditionnalité de bonne gouvernance, peut améliorer le fonctionnement et la légitimité des institutions seulement si la société civile et le pouvoir politique en place s'approprient les besoins de réformes et de changement des pratiques. La gouvernance n'est pas directement générée par les projets de coopération

---

[38] Chaque année, l'organisation Freedom House publie un rapport détaillé de l'état de la démocratie dans les pays en transition. L'ensemble des données publiées concernant la Moldavie depuis 2003 est disponible sur https://freedomhouse.org/report/nations-transit/2016/moldova, page consultée le 5 mars 2017.

[39] L'index 2016 est paru en janvier 2017, faisant passer la Moldavie de la 103e à la 123e place dans le classement mondial, ressources disponibles sur le site de Transparency International consulté le 15 janvier 2017 : http://www.transparency.org/news/feature/corruption_perceptions_index_2016.

au développement, elle se construit de l'intérieur, sur la durée, et sur le fondement d'une volonté politique forte[40].

L'outil est-il le problème ?

L'APD est versée à la Moldavie de diverses façons : si l'UE affiche une priorité pour l'aide budgétaire, elle a maintenu des projets d'assistance technique ou encore d'autres projets à visée institutionnelle qui permettent de compléter les mesures prises au niveau législatif par des changements de pratique au niveau technique.

Programmes de l'UE en matière de soutien budgétaire

Plan d'action national	Secteur	Composante, en millions d'euro			Allocations additionnelles Aide budg.	Déboursements au cours de N-1	Statut	Déboursements 2014		Déboursements planifiés pour 2015
		Montant total de l'aide allouée	Aide budgétaire	AT et autres projets				planifiés	de facto	
2007	social	21	20	1	0	20	terminé	-	-	-
2008	santé	47	43	3	6	39	terminé	6	6	-
2009	eau et canalisations	45	37	3	5	32	terminé	19	14	-
2010	stimulation économique des zones rurales	45	42	4	42	29	en cours	14	13	12
2011	énergie	43	40	3	10	25	en cours	15	12	10
2012	réforme de la justice	52	50	2	8	15	en cours	15	13	15
2013	enseignement professionnel	25	25	25	0	0	en cours	0	0	4
2013	régime de libéralisation des visa	20	-	1	0	0	en cours	0	6	0
2014	gestion des finances publiques	30	25	5	0	0	en cours	8	8	0
2014	mise en œuvre de l'accord de libre-échange avec l'UE	37	33	4	0	0	en cours	8	8	0
2014	ENPARD	64	53	11	0	0	en préparation	0	0	0
Total		407	238	61	71	140		85	73	41

en millions d'euros, arrondis à l'unité près

D'après le rapport annuel de l'aide extérieure de la Moldavie (2014)

Une aide budgétaire substantielle a été accordée par l'Union européenne pour mettre en œuvre le plan d'action national : 58,2 millions d'euros, complétés par 1,8 million d'euros sous forme d'assistance technique. La *policy matrix* qui encadre le versement de cette aide budgétaire comprend une série de mesures à engager et d'objectifs à atteindre, en accord avec la stratégie moldave *ad hoc*. Parmi eux, le renforcement de l'indépendance, de la responsabilité, de l'impartialité, de l'efficacité et de la transparence de la justice fait figure de

40 La volonté politique est déterminante dans ce processus. Les études réalisées par Transparency International et d'autres indicateurs montrent que la volonté de la société civile existe, mais questionnent celle des décideurs politiques.

tête d'affiche. Cet objectif est complété par une série d'autres comme la révision de l'instruction et de la poursuite, mais aussi l'amélioration des procédures en vue de rendre la justice plus accessible, l'application du principe de la tolérance zéro à la corruption dans le secteur judiciaire, le respect des droits de l'homme à toutes les étapes du processus judiciaire.

Dans le cas de l'aide budgétaire, les indicateurs mis en place par les *policy matrix* sont plutôt clairs à lire et faciles à utiliser pour dire si les conditions posées ont été respectées ou non. En général, les réalisations sont évaluées en fonction du nombre de lois adoptées ou encore de plans d'action rédigés ou enfin de comités de coordination et/ou de suivi installés. Ce sont en effet des points facilement quantifiables, mais c'est bien la question de la mise en œuvre qui se pose. D'après les indicateurs de progrès de l'aide budgétaire dans le secteur de la justice, il apparaît que 69 % des actions avaient été réalisées en 2014 et respectivement 60 % et 56 % en 2013 et 2012. Ce sont des scores plutôt corrects.

Le versement des différentes tranches de l'aide budgétaire est par exemple attaché à l'émergence d'un mécanisme consultatif de coordination et de gestion de la réforme, d'un système de suivi basé sur la performance et les progrès en termes d'indépendance, de professionnalisme, d'impartialité du secteur judiciaire, sur la prise en compte et la protection des droits des victimes, pour ne citer que quatre des nombreux indicateurs prévus. La question qui se pose ici n'est pas seulement celle de la mesure du progrès sur ces points, mais aussi de la pertinence des indicateurs choisis. Ces encouragements pour mettre en œuvre des réformes concrètes sont en fait principalement des conditionnalités dont le suivi est extrêmement difficile à assurer et dont l'efficacité est difficile à prouver.

Les critiques de l'aide budgétaire portent, en général, sur les conditions d'allocation de fonds à des administrations corrompues. Comment s'assurer que l'aide octroyée est effectivement utilisée, à hauteur et aux fins prévues par les contrats passés entre bénéficiaires et donateurs ? Le manque d'impact de l'aide budgétaire a été mis en exergue dans un rapport de la Cour des Comptes de l'Union européenne concernant la réforme de l'administration publique[41]. De façon générale, il est impossible d'assurer une traçabilité complète et détaillée des fonds dont les pays en développement bénéficient. C'est là une critique majeure de l'aide budgétaire, dont l'un des effets négatifs serait d'alimenter voire d'entretenir un système déjà corrompu.

D'autres programmes existent, mis en en œuvre dans le cadre de l'Instrument de la Politique européenne de voisinage : le Comprehensive Institution Building Programme (CIBP) est le plus significatif et englobe un grand nombre d'outils visant à renforcer les institutions des pays du Partenariat oriental. Le programme régional des CIB est appliqué en Moldavie de 2011 à 2013 avec une allocation financière totale de plus de 41 millions d'euros. Les domaines clés d'intervention sont la réforme de l'administration publique, l'État de droit et le respect des droits de l'homme et des libertés fondamentales, ainsi que la préparation de la mise en œuvre de l'accord de libre-échange approfondi.

Concrètement, le programme implique la participation d'experts européens à différents niveaux et pour des projets variés. Ils sont susceptibles d'accompagner la rédaction de documents programmatiques et stratégiques. Ils contribuent à mettre en œuvre les projets de *twinnings* institutionnels, qui visent à jumeler des administrations moldaves demandeuses avec leurs homologues européennes. Le but des *twinnings* est de contribuer à rapprocher la législation du pays bénéficiaire

---

[41] Cour des Comptes européenne, 2016, *Rapport spécial n°13/2016 : l'aide de l'UE au renforcement de l'administration publique en Moldavie*, Luxembourg, http://www.eca.europa.eu/en/Pages/DocItem.aspx?did=37235.

de l'ordre juridique européen, en appliquant notamment certaines directives européennes dans le droit moldave, notamment dans les domaines de l'accord d'association en cours de négociation. Ils peuvent également conseiller le premier ministre, les ministres ou encore des directeurs d'agences moldaves sur des points cruciaux de l'accord d'association. Ce programme, original pour l'UE, rassemble un grand nombre de conseillers haut niveau (entre 15 à 25 selon les versions du programme), qui sont donc en charge de préparer le changement en liaison avec les autorités moldaves : *EU High Level Advisor Mission to the Republic of Moldova.* Enfin, il arrive que les experts soient recrutés pour des projets d'assistance technique, des formations et échanges d'expertise de court terme (TAIEX), ou au sein d'un programme de l'OCDE financé en grande partie par l'UE, spécialisé dans la réforme de l'administration (Support for Improvment in Governance and Managment – SIGMA). Cette initiative a pour but de renforcer les capacités du secteur public et d'accompagner les pays bénéficiaires dans la conceptualisation et la mise en œuvre de réformes de l'administration publique.

Dans tous les cas, et même si ce n'est pas spécifique à cette politique de l'Union européenne, plus que les outils en soi, c'est la manière dont est pensée l'aide au développement qui semble remise en cause, tant l'efficacité des visites d'études, des missions de centaines d'experts et leur impact sur les progrès – ou non – de la Moldavie, sont difficiles à mesurer et à évaluer, si on décide de ne pas s'attacher uniquement – comme c'est le cas actuellement – au nombre de livrables, qui peuvent effectivement facilement se compter en termes de plans d'action, projets de loi et autres stratégies ou méthodologies. La mesure du changement de pratiques est, elle, un plus grand défi encore.

Conséquences potentielles et limites de l'impact des principes internationaux de l'efficacité de l'aide sur la gouvernance en Moldavie

Certaines initiatives du gouvernement moldave en vue d'améliorer la coordination de l'aide au niveau national sont le fruit des exigences et des conditions posées par les principes internationaux de l'efficacité de l'aide : la Déclaration de Paris de 2005, suivie en 2011 par celle de Busan[42], qui a mis en place un ensemble de prérequis pour le suivi et le déboursement de l'aide. Les États membres de l'OCDE, bailleurs de fonds au profit des pays en développement dont ils sont partenaires, veulent promouvoir une meilleure « efficacité de l'aide ». Derrière ce concept, de grands principes (appropriation, alignement, harmonisation, résultats, redevabilité mutuelle) font figure de feuille de route, complétée par le Programme d'action d'Accra (2008) qui doit permettre aux États donateurs et aux bénéficiaires de l'aide d'en assurer un meilleur suivi. Ces initiatives sont très utiles pour la gestion de l'aide et pour sa visibilité, mais ne prouvent pas l'amélioration concrète de son efficacité. Appropriation, responsabilité, alignement des politiques et prédictibilité de l'aide : ces principes influencent-ils véritablement un changement dans la manière de débourser et d'administrer l'aide ? Permettent-ils réellement d'améliorer son efficacité ?

De nombreux praticiens de la coopération au développement font au contraire le constat de l'évolution du développement vers un « business » : un business entre donateurs, un business entre donateurs et bénéficiaires, et un business entre les bénéficiaires. La logique économique

---

[42] Pour la déclaration de Paris et les documents du Partenariat de Busan : http://www.oecd.org/fr/developpement/efficacite/declarationdepariss urlefficacitedelaide.htms, site consulté le 17 février 2017.

derrière les programmes de développement tient une place sans cesse grandissante, permettant en fait le développement d'un marché interne au profit des élites locales. Les projets mis en œuvre renforcent les capacités des personnes et leurs intérêts privés, plus que les institutions et l'intérêt général qu'elles sont censées défendre. Et ces facteurs ne sont pas pris en compte par les principes et indicateurs de l'agenda de Paris.

Les résultats mitigés de la Moldavie montrent en effet qu'il n'y a pas de corrélation entre la mise en œuvre de l'efficacité de l'aide et la bonne gouvernance d'un pays. C'est plutôt la planification de l'action publique qui influence les progrès en termes de gouvernance. La question qui en découle est de savoir quel est le degré réel d'engagement politique en faveur d'objectifs de développement convaincants ? Il demeure plus intéressant, politiquement, d'afficher des résultats positifs quant à la construction d'infrastructures qu'au renforcement des capacités d'une administration. En effet, ce que l'efficacité de l'aide n'intègre pas, dans la relation entre le donateur et le bénéficiaire, c'est la dimension liée à ce dernier et sa volonté ou sa capacité à mettre en œuvre les réformes proposées. En ce sens, l'agenda de Paris propose une vision assez institutionnaliste du développement et peine à responsabiliser les bénéficiaires vis-à-vis des donateurs. Par là même, c'est la dimension endogène du processus de développement qui est mise de côté.

À ce stade de notre analyse, il semble que l'impact des programmes de développement sur le secteur de la gouvernance en Moldavie soit limité. Que ce soit au niveau des outils employés ou des principes appliqués dans les politiques de développement, les centaines de millions d'aide versés à la Moldavie ne suffisent pas à améliorer la gouvernance dans le pays, au niveau local et national. Cela soulève nécessairement la question des conditions de l'émergence de la volonté politique de réforme : la conditionnalité de bonne gouvernance devrait servir, *in fine*, les bénéficiaires finaux de l'aide publique au développement. Mais du côté de la mesure du développement, qui était notre question centrale de départ, c'est la pertinence des indicateurs choisis pour évaluer ces politiques et leur impact qui semble remise en cause. Si l'objectif reste d'accompagner les pays en développement sur la voie de la démocratisation, quantifier les lois et les stratégies adoptées semble plus aisé qu'évaluer leur mise en œuvre sur le long terme, qui, elle, pose problème. En effet, si la question de la volonté politique du bénéficiaire est centrale dans le traitement du problème de la gouvernance en Moldavie, les règles du jeu de l'aide semblent comporter quelques failles. L'efficacité de l'aide transfère la responsabilité de l'aide au bénéficiaire, partant du principe que les questions de gouvernance vont se régler d'elles-mêmes par un effet d'entraînement supposé. Ces mesures devraient contribuer à la démocratisation du pays, mais cela ne peut se faire sans un réel engagement de toutes les parties. Or, les principes qui découlent de l'efficacité de l'aide ne semblent pas dessinés pour permettre de penser le développement sur le long terme. En ce sens, ils ne permettent pas d'accompagner ou même d'encourager des politiques structurelles solides et durables qui pourraient renforcer le processus de démocratisation.

Moldova's reform performance: neither black, nor white

Nicu POPESCU

Over the last two decades Moldova emerged as the one post-Soviet state with the most extensive political and economic links to the European Union (EU). Along with Ukraine and Georgia, Moldova also has an Association Agreement and a free trade area with the EU. But Moldova's links to the EU go beyond that. The country was the first post-Soviet state to receive visa-free travel to the EU in 2014, and most importantly the EU has represented persistently more than a half of Moldovan foreign trade for over a decade[1], creating economic dependencies that can act as an insurance against geopolitical ebbs and flows. And yet the picture is not all rosy. For all its links to the EU, Moldovan domestic politics remain hugely corrupt and dysfunctional, poverty – widespread[2], and the course of

[1] National Statistics Bureau, Moldova, Foreign trade statistics, available on the website:
http://www.statistica.md/category.php?l=ro&idc=336&.

[2] World Bank Poverty and Equity data, available on the website: http://povertydata.worldbank.org/poverty/country/MDA

further reforms and state consolidation uncertain. And besides being the country most connected to the EU, it also elected a president, Igor Dodon, who sounds anti-European, and wants to realign the country with Russia.

Moldova's star: shining or falling?

Since a pro-EU coalition came to power in 2009, Moldova has often been cited as a major success story for both the EU's Eastern Partnership (EaP) and its neighbourhood policy at large. But the failure of parties to create a stable majority in parliament after elections in late 2014 and a string of recent corruption scandals have dampened enthusiasm in Brussels and beyond.

While a quick glance at Moldovan politics today would appear somewhat grim, the bigger picture of its transformation over the past years is considerably more positive. The country is now debating if it is the falling star of the EU's eastern neighbourhood or whether it can still regain some of its shine. The truth is, however, that it was never a star. Moldova has long been a problematic EU neighbour whose systemic failures – domestically and internationally – sadly overshadowed the successes of its pro-EU government.

The successes

By many standards, Moldova has done well since the Communist president Vladimir Voronin left power in 2009. Though its political system remains unstable, imperfect and corrupt, it is more pluralist than ever. So far, Moldova remains the country with the best record of (more or less) orderly, election-driven – rather than revolutionary – changes in office in the post-Soviet space. While most post-Soviet states are authoritarian, Ukraine and Georgia have a record of revolutions (that point to the dysfunctionality of electoral politics under some of its presidents), Moldova has been both a pluralist, if weak, multi-party democracy, and all changes in governments happened through elections[3].

The Moldovan economy has fared decently, too. In 2009, its GDP dropped by 6%, but subsequent years were significantly better with growth rates of 7.1% in 2010, 6.4% in 2011, -0.7% in 2012, 9.4% in 2013, and 4.8% in 2014, 0.5% in 2015 and cca 2% in 2016[4]. Given that the country has since suffered from nearly-constant Russian embargoes, economic downturns in the EU, the conflict in Ukraine, and broader uncertainties which made investors wary of the entire region, Moldova's growth has indeed been good overall, and even impressive in some years. That said, the economy's success was also fragile, as much of it was driven by international assistance which boosted the building or repairing of roads, hospitals, schools, and irrigation systems and funded hundreds of other development projects.

Beyond the economy, other statistics are also indicative of the progress Moldova has made over the past few years. The number of people flying through Chisinau's airport more than doubled between 2009 and 2014 (from 800,000 to 1.7 million). This is the result of air transport liberalisation with the EU and increased competition between airlines and reduced air fares, combined with the gradual easing of access to (and eventually abolition of the need for) Schengen visas. Road mortality rates have also dropped. As a result of reformed road policing, the introduction of speed cameras (thereby limiting the opportunities for corrupt law enforcement officials to extract bribes), and infrastructure

[3] The political scene is constantly in flux. If in 2009-2013 the main political players were the Liberal Democratic party, Democratic party, Liberal party and the Communist party, by 2017 the main political players have become the Democratic party, Socialist party, Liberal Party, European People's Party, Action and Solidarity Party, Our Party, and the Communist party.

[4] World Bank GDP growth data for Moldova, www.worldbank.org.

improvements, traffic casualties fell from 129 to 84 persons per million inhabitants between 2010 and 2015. While still high compared to EU's average of 51, it is significantly better than Ukraine's 106 or Russia's 160 in 2015[5].

Thanks to EU assistance, a gas interconnector with Romania was built which has provided Moldova with potential alternatives to Russia in case of gas supply shortages. Now there is talk of connecting Chisinau, where most gas in Moldova is consumed, to the EU energy market with a gas pipeline, a move which would further boost the country's energy security.

Increased E-governance is also part of this success story. Dozens of state documents are now available online, thus undercutting attempts by corrupt bureaucrats to extract bribes.

In terms of foreign policy, Moldova's biggest successes materialised in the framework of its relationship with the EU. The Association Agreement (AA) in force since September 2014 has already led to a rise in exports to the EU thanks to its free trade area provisions. And in April 2014, Moldova also became the first eastern neighbour to obtain visa-free status for citizens travelling to the EU for up to three months (Georgia also obtained the same rights in early 2017, while Ukraine has been waiting in the queue as of early 2017). The visa-free regime was introduced after a series of reforms were implemented in areas ranging from police and border management to the security of documents and human rights.

[5] OECD statistics on road accidents, available on the website: https://data.oecd.org/transport/road-accidents.htm.

Snapshots 2009/2010 vs 2015

Moldova	2009/2010	2014/2015
GDP per capita	€1092	€1689
Unemployment rate	6.4%	5.1%
Reporters Without Borders, World Press Freedom Index (place in the world)	114 (2009)	72 (2015)
Transparency International Corruption Perception Index (place in the world)	105 (2010)	103 (2014)
Doing Business ranking	108 (2009), 94 (2010)	63 (2015)
Global Competitiveness Index, World Economic Forum (place in the world)	94	82
Global Gender Gap Index	34	25
UNDP Human Development Index (place in the world)	99	114
H&P Visa Restrictions Index (place in the world)	71	46

The failures

Yet this generally decent record has been largely eclipsed by a series of systemic failures – both in terms of form and substance. The governing coalition has witnessed squabbles, crises and twists akin to a soap opera. Between July 2009 (when a pro-European coalition came to power) and early 2017, the country has seen three parliaments, five prime ministers, six governments, four speakers of parliament, two interim presidents and two elected presidents. Such political instability significantly increased the public's sense of frustration with the political elite.

The failures of substance have been graver still. Most of them can be blamed on one persisting phenomenon: corruption, which has strangled the business climate and discredited the ruling classes. To start with, the leadership of law enforcement agencies was shared out among coalition parties using the same quota system of political appointments to ministerial posts. Soon enough, law enforcement agencies were being dragged into political squabbles, and 'competitive corruption' from above extended to party-owned media resources. If in 2006 Moldova was ranked 79th in the Transparency International Corruption Perception Index, by 2016 it was ranked 123rd, on a par with Azerbaijan, and worse than other countries in the region like Belarus, Georgia, Armenia, Albania, Bosnia or Macedonia.

In the same spirit, a banking crisis in 2013-2014 acquired a major political dimension. In the run-up to the 2014 elections, up to $1 billion was issued through non-performing loans by three Moldovan banks. To prevent the banks' collapse, the government then had to bail them out. While this exposed a failure of regulatory oversight by the National Bank, it is also thought that several high-level politicians profited from the affair, causing further disgruntlement among the Moldovan people.

It's the politics

Moldova is now in the paradoxical situation of being the neighbouring country which has benefited most from its relationship with the EU, but has lower levels of public support for European integration than Ukraine or Georgia. In 2008-2009, public support for European integration stood at around 65%: by mid-2015, it fell to 40%[6].

[6] See the Institute's for Public Policy Public Opinion Barometer for 2008, 2009 and 2015: http://ipp.md/lib.php?l=ro&idc=156.

Worryingly, over the past few months, support for Eurasian integration (with Russia) has overtaken support for the EU[7].

A drop of some extent was probably unavoidable. Until 2009, the high level of support for the EU was due to the fact that all major parties, including the Communists, were (outwardly at least) in favour of European integration. When the Communists lost power in 2009, they withdrew from this broad pro-EU consensus and embraced a strongly Eurosceptic rhetoric – and part of their supporters moved in a similar direction.

While these shifts in public opinion are unsettling, they should not be overestimated. Ukraine is a case in point. During the Orange Revolution of 2004, crowds of people were seen symbolically waving EU flags. By 2008, however, after several years of poor performance by the Orange coalition, support for the EU stood at 28% and greater integration with Russia at 54%, according to polls conducted by the Gorshenin Institute[8].

The trend reversed once Yanukovich came to power in 2010: towards the end of his presidency, right before the beginning of protests in October 2013, support for the EU went up to 47% and support for Russia fell to 32%. By 2015, 62% were for the EU and 13% for Russia[9]. In Georgia, a similar trend is starting to be discernible. A recent opinion poll conducted by the National Democratic Institute

---

[7] See the Institute's for Public Policy Public Opinion Barometer for 2008, 2009 and 2015: http://ipp.md/lib.php?l=ro&idc=156.

[8] Gorehsnin Institute, Kiev, 'Ukraine. Stress test' sociological survey, April
2015: http://gorshenin.eu/programs/researches/926_ukraine_stress_tes
t.html.

[9] Gorehsnin Institute, Kiev, 'Ukraine. Stress test' sociological survey, April
2015: http://gorshenin.eu/programs/researches/926_ukraine_stress_tes
t.html.

showed a doubling of those in favour of Eurasian integration over the last year (it now stands at 21%)[10].

These shifts in public opinion are almost unavoidable. In these countries, the roots of socio-economic problems are so deep that delivering tangible improvements to the quality of life is harder than elsewhere, and governments are particularly likely to disappoint. Yanukovich's rule in Ukraine (2010-2014) did as much damage to the popularity of partnership with Russia as Yushchenko's (2005-2010) tenure did in terms of discrediting Europe and the West.

It is true that the population is dissatisfied and disappointed with the quality of the country's political elite, and the EU's image has also suffered in the process. Yet, on the other hand, parties that pledge to bring Moldova closer to the EU score quite well. They (the Liberal Democratic Party, Democratic party and Liberal Party) won the 2014 parliamentary elections, despite being rather discredited for their corruption. In late 2016, a presidential candidate, Maia Sandu, with a strong pro-reform and pro-EU agenda (and in opposition to the formally pro-European, but rather corrupt governing parties) gathered 48% percent in presidential elections. She lost the election to a candidate advocating closer links with Moscow, but she lost with a small margin and that happened party because the nominally pro-European parties in government have not fully endorsed her in the campaign. Partly as a result of that the country faces significant uncertainty about its geopolitical future with president Igor Dodon seeking closer ties with the Eurasian Union.

---

[10] NDI Poll, Georgia, April 2017, available on the website: https://www.ndi.org/sites/default/files/NDI%20poll_April%202017_Foreign%20Affairs_ENG_vf.pdf.

Geopolitics vs realpolitik

The country's strategic future looks confusing. Its political class is split in roughly three strands (and more political parties and players). The first strand are a series of pro-Russia, anti-European forces, with president Igor Dodon as the most visible of them. However, Dodon has modest prerogatives, and lacks a majority in parliament. So his main power is the microphone of the presidency, more than anything. The second strand is represented by Moldova's richest man – Vladimir Plahotniuc – who controls the government and a majority of MPs in parliament. His political associates (scattered in several parties like the Democratic Party, the Liberal party and the European People's Party are very pro-EU in declarations, but not necessarily in actions. Plahotniuc himself is also highly unpopular and is perceived by an overwhelming of majority of the population as the key beneficiary of a corrupt political system that is unlikely to seriously reform. The third strand is represented by a series of pro-European politicians, primarily Maia Sandu and Andrei Nastase, who are in opposition to both Dodon and the Plahotniuc-controlled government. These three strands of politicians are all positioning themselves for the next parliamentary elections in autumn 2018.

However, besides the political scheming and geopolitical positioning of all of these players a number of real life factors are likely to constrain the scope for manoeuvre of any potential future government. On the one hand, a majour reform breakthrough is not very likely. The current government is not likely to do it, nor is president Dodon, should he obtain a majority in parliament. Some cosmetic reforms are likely, but deep transformations – not. The government and president Dodon might criticise each other, but both are status quo players when it comes to issues of domestic (bad-) governance, and they own significant political resources (money, TV stations and developed party infrastructure). At the same time significant geopolitical turns are also not very likely. President Dodon is advocating for a possible denounciation of the Association Agreement (which also is the legal basis for the existing EU-Moldova free trade area), but the realities of Moldovan geography cannot be changed by presidential decree. Moldova cannot integrate with Russia over Ukraine, and while up to 65% of Moldovan exports go to the EU, compared to 11% to Russia (data for 2016)[11], any attempt to withdraw Moldova from its free trade area with the EU (which is part of the Association Agreement) would amount to a major economic and political crisis that even president Dodon might fear to envisage. These realities will constrain any future governments' room for manoeuvre in relation to both Moscow and Brussels. Thus the most likely scenario for Moldova will be a muddling through in both domestic and foreign policy, where a weak state is maintained, but sharp geopolitical moves are not very likely.

[11] National Statistics Bureau of Moldova, Foreign Trade statistics for 2016, http://www.statistica.md/category.php?l=ro&idc=336&.

Vers un dégel en Transnistrie ?

Emmanuel DREYFUS

La Transnistrie demeurait jusqu'à peu un conflit dont le terme de « gelé » pouvait facilement être remplacé par celui d'« oublié ». Apparue en 1992 à la suite de brefs mais violents combats le long du fleuve Dniestr opposant la jeune armée moldave aux forces sécessionnistes transnistriennes, la République moldave de Transnistrie fait partie de ces quelques États non reconnus apparus dans le sillage de la chute de l'Union soviétique. Aussi soudaines qu'inattendues, l'annexion de la Crimée en mars 2014 puis la déstabilisation dans le Donbass à partir d'avril 2014 ont rappelé la présence voisine du conflit transnistrien, la possibilité d'une répétition d'un « scénario criméen » en Transnistrie ayant un temps été évoqué. Alors que Moscou a sanctuarisé l'annexion de la Crimée et a échoué dans son projet Novorossia[1], les

[1] Utilisé notamment par Vladimir Poutine lors d'un talk-show en avril 2014, le terme Novorossia désigne historiquement les territoires du nord de la mer Noire passés sous domination russe après leur conquête à la fin du XVIIIe siècle. À la suite de l'annexion de la Crimée, un mouvement séparatiste appelant à la « recréation » de la Novorossia (référendums d'autodétermination vis-à-vis de Kiev, demande de rapprochement, voire

perspectives d'une reprise du conflit entre Chişinău et Tiraspol ou d'un rattachement de la Transnistrie à la Russie semblent de nouveau s'éloigner. Des facteurs tant endogènes, et notamment l'élection d'Igor Dodon en novembre 2016 à la présidence moldave[2], qu'exogènes, pourraient désormais inciter Moscou à œuvrer avec plus de vigueur à une résolution du conflit transnistrien, qui respecterait formellement l'intégrité territoriale moldave.

Vingt-cinq ans après le conflit sur le Dniestr, où en est la Transnistrie ?

À quelques dizaines de kilomètres de Chişinău, sur une route fatiguée au milieu des champs, le poste-frontière de Bender est toujours là. Il matérialise la « frontière » existante entre la Moldavie et le territoire transnistrien, pourtant également situé en Moldavie *de jure*, mais sur lequel Chişinău n'exerce aucun contrôle depuis le conflit de 1992. Quelques policiers moldaves, puis des soldats russes de maintien de la paix précèdent les guérites des gardes-frontières transnistriens. Le trafic y est toujours assez dense et on passe sans trop d'encombres pour poursuivre sa route vers Tiraspol. Tiraspol, capitale de la petite République moldave de Transnistrie (RMT), qui 25 ans après sa guerre d'indépendance est restée figée dans un soviétisme qui n'a guère conservé de la patrie des travailleurs que le décorum. Les drapeaux rouge et vert, flanqués de la faucille et du marteau sont toujours là. Les statues de Lénine sont toujours là. Les soldats russes, héritiers de la quatorzième armée rouge soviétique, sont toujours là. Parmi eux, 300 à 400 sont

---

de rattachement à la Russie) a agité les régions du sud et de l'est de l'Ukraine, avant de se concentrer dès l'été 2014 dans les régions de Donetsk et de Lougansk.

[2] Élu sur un programme de rapprochement avec la Russie, Igor Dodon a notamment fait de la résolution du conflit transnistrien l'une des priorités de son mandat.

légalement présents au titre de la force tripartite de maintien de la paix, qu'ils composent avec leurs homologues moldaves et transnistriens. Les 1 500 soldats du groupement opérationnel des forces russes en Transnistrie (GOFRT) que Moscou n'a jamais évacués, en dépit de ses engagements[3], sont notamment affectés à la surveillance des dépôts d'armement, dont celui de Cobasna situé au nord de la Transnistrie. Longtemps objet d'attentions médiatiques liées aux trafics d'armes ayant effectivement eu lieu dans les années 1990 et qui auraient alimenté plusieurs conflits, dans le Caucase, dans les Balkans et en Afrique centrale notamment, ce dépôt abriterait aujourd'hui, selon les dernières estimations de l'OSCE, quelque 20 000 tonnes d'armements, pour la plupart obsolètes[4].

La RMT, pour 4163 km^2 compte un peu moins de 500 000 habitants. En plus de la nationalité transnistrienne, qu'aucun pays au monde ne reconnaît, ses habitants disposent d'une autre vraie nationalité : selon les dernières estimations, 150 à 200 000 d'entre eux disposent de la nationalité russe, 200 000 de la nationalité moldave et 100 000 de la nationalité ukrainienne, les cas de double, voire de triple nationalité, étant fréquents. Cette répartition suit *grosso modo* la distribution ethnique de la population transnistrienne, composée d'environ un tiers de Russes, d'un tiers de Moldaves et d'un tiers d'Ukrainiens.

Durant la période soviétique, la Transnistrie constituait la région la plus industrialisée et la plus riche de la Moldavie[5] : des hommes et des femmes venus de tous les horizons de

---

[3] En 1999, lors de la conférence de l'OSCE d'Istanbul, Moscou s'était engagée à retirer ses troupes illégalement déployées sur le territoire moldave.

[4] Pour plus de détails, voir le site de la mission de l'OSCE en Moldavie : http://www.osce.org/moldova/104945, consulté en juin 2017.

[5] Avec notamment plusieurs industries emblématiques, comme l'aciérie de Ribnitsa, la fabrique de cognac Kvint, ou encore la fabrique de textile Tirotex.

l'URSS s'y installèrent, ce qui explique d'ailleurs sa diversité ethnique, régulièrement mise en avant par les autorités. Mais plusieurs éléments structurels, parmi lesquels la non-reconnaissance et l'enclavement de la RMT, la gestion népotique de l'économie et le manque d'investissements ont contribué au déclin économique de la Transnistrie, aggravé ces trois dernières années sur fond de dégradation des relations avec Kiev et de crise économique en Moldavie, en Ukraine et en Russie. Dans ce contexte, la Transnistrie survit essentiellement grâce au soutien de Moscou, qui s'illustre notamment par la gratuité des livraisons de gaz[6], la prise en charge des retraites et de certaines dépenses sociales à hauteur de plusieurs dizaines de millions d'euros par an, le transfert d'argent des travailleurs migrants en Russie.

Alors qu'en 2016, près d'un tiers de la population transnistrienne, 125 000 personnes, serait composé de retraités[7], le manque de perspectives économiques, l'absence de tout horizon réaliste quant à un rattachement à la Russie, conduisent les jeunes à l'exode, principalement en Russie ou en Ukraine : deux tiers des diplômés transnistriens

[6] En réalité, les impayés de Tiraspol envers Gazprom sont imputés par Moscou à Chişinău. Lors de son premier déplacement à Moscou en tant que président moldave en janvier 2017, Igor Dodon a suscité une certaine incompréhension en indiquant que la dette de 6,5 milliards de dollars de Tiraspol envers Gazprom faisait partie de la dette globale de la Moldavie envers le géant gazier russe Pour plus de détails, voir : « Le Président Dodon considère les dettes gazières de la Transnistrie d'un montant de 6,5 milliards de dollars comme faisant partie de la dette gazière moldave globale », 19 janvier 2017, consulté en juin 2017 sur le site : https://ava.md/2017/01/19/prezident-dodon-priznal-dolgi-za-gaz-pridnestrov.

[7] Selon le ministère transnistrien du Développement économique, données consultées en mai 2017 et disponibles sur le site : http://mer.gospmr.org/gosudarstvennaya-sluzhba-statistiki/informacziya/ezhegodnik-gosudarstvennoj-sluzhby-statistiki/statisticheskij-ezhegodnik-2016.html.

chercheraient ainsi à partir en Russie après avoir terminé leurs études.

Dans ce contexte, aucune avancée notable vers une résolution du conflit n'a eu lieu depuis la conclusion du cessez-le-feu entre Chişinău et Tiraspol en 1992. En 2003 pourtant, la perspective d'un règlement du conflit n'avait jamais semblé aussi proche. Un plan de règlement, intitulé « mémorandum Kozak », du nom du négociateur russe alors en charge de ce dossier, prévoyait effectivement une réintégration de la Transnistrie, dans le cadre d'une Moldavie fédéralisée dans laquelle Chişinău, Tiraspol et Comrat[8] bénéficieraient d'un statut égal et dans laquelle la présence de forces russes en RMT serait légalisée et prorogée de 20 ans. Au dernier moment, Vladimir Voronine, alors président moldave, avait refusé de signer ce plan sous la pression de Washington et de Bruxelles, qui considéraient le mémorandum Kozak comme bien trop avantageux pour Moscou. Depuis, aucune percée substantielle dans les négociations n'est survenue.

Ce *statu quo* ne doit pas masquer les importantes évolutions qui sont intervenues dans les relations entre Chişinău et Tiraspol au cours des années 2000 et qui permettent d'envisager une approche plus relative du conflit. Gelé, celui-ci serait bel et bien en cours d'« attrition ». Ces évolutions ont réellement démarré après le premier tournant européen de Kiev et de Chişinău. Il intervient en Ukraine au cours de l'hiver 2004-2005 avec la « Révolution orange » et l'élection à la présidence de Viktor Ioutchenko et en Moldavie en avril 2005, avec la reconduite de la majorité communiste au

---

[8] Capitale administrative de la Gagaouzie, située au sud de la Moldavie. La Gagaouzie (environ 150 000 habitants) est une région moldave bénéficiant d'un statut autonome au sein de la Moldavie. Ce statut, accordé au début des années 1990, est lié à la particularité ethnique de la majorité des habitants de cette région, les Gagaouzes (des chrétiens turcophones).

parlement moldave, cette fois-ci élue sur un programme de rapprochement avec l'UE[9]. Il convient de souligner qu'en dépit des très nombreux aléas politiques survenus en Moldavie et en Ukraine depuis cette période, le rapprochement de ces deux pays avec Bruxelles est une tendance de fond, la signature et l'entrée en vigueur des accords d'association avec l'UE en 2014 en constituant la manifestation la plus aboutie. Première conséquence sur la Transnistrie de ce tournant, la décision de Kiev de ne plus autoriser Tiraspol à exporter vers le territoire ukrainien des marchandises n'étant pas visées par les douanes moldaves. Cette décision, dénoncée en son temps par Moscou comme un embargo humanitaire orchestré par Kiev et Chişinău contre Tiraspol, a progressivement poussé les opérateurs économiques transnistriens souhaitant recevoir les licences nécessaires aux exportations, à s'enregistrer auprès des douanes moldaves. L'instauration d'un régime douanier *de facto* commun entre Chişinău et Tiraspol et la coopération dans ce domaine entre les autorités moldaves, les autorités transnistriennes et les opérateurs économiques transnistriens représentent des éléments tangibles de rapprochement entre Chişinău et Tiraspol. La Transnistrie représente de ce fait le seul confit gelé pour lequel le degré de coopération entre les autorités du territoire sécessionniste et le pouvoir central est aussi abouti : il n'y a ainsi pas plus de coopération entre Stépanakert[10] et Bakou qu'entre Tbilissi d'une part, Soukhoumi et Tskhinvali[11] d'autre part.

---

9 Alors que le Parti des communistes de la république de Moldavie (PCRM) avait remporté la majorité et que Vladimir Voronine avait été élu à la présidence moldave en 2001 sur un programme de rapprochement avec la Russie, et notamment d'intégration à l'union Russie-Biélorussie.

10 « Capitale » du Haut-Karabagh.

11 « Capitales » respectives des républiques autoproclamées d'Abkhazie et d'Ossétie du sud.

Seconde conséquence de ce tournant, le déploiement, en novembre 2005, de la mission *European Union Border Assistance Mission to Moldova and Ukraine* (EUBAM) le long de la frontière moldo-ukrainienne. Cette mission d'assistance technique, composée d'agents des douanes et des ministères de l'Intérieur des États membres de l'UE, toujours en place à ce jour, a permis de faciliter l'instauration d'un dialogue puis la formalisation d'une coopération entre les douanes moldave et transnistrienne. Par ses actions de formation à destination des autorités douanières et migratoires moldaves et ukrainiennes, la mission EUBAM a permis de renforcer l'efficacité de ces dernières et a ainsi indirectement contribué à une baisse substantielle des trafics alimentant l'économie grise qui s'était développée autour de la RMT depuis le début des années 1990. C'est également avec la médiation de EUBAM que le trafic ferroviaire entre la Moldavie et l'Ukraine via la Transnistrie, suspendu depuis 2006, a repris au printemps 2012.

Enfin, l'élargissement du format de négociations pour la résolution du conflit à l'UE et aux États-Unis, en tant qu'observateurs (format « 5+2 », impliquant la Moldavie, la Transnistrie, la Russie, l'Ukraine et l'OSCE, plus l'UE et les États-Unis comme observateurs) constitue une autre conséquence du tournant pro-européen de Kiev et de Chişinău amorcé au milieu des années 2000. Quoique le paradigme du conflit n'ait pas évolué depuis l'élargissement du format de négociations, cette étape mérite d'être soulignée : le conflit en Transnistrie est le seul conflit gelé de l'espace post-soviétique vis-à-vis duquel Moscou a accepté que l'UE puisse, même au titre d'observateur, participer aux négociations.

La réorientation progressive de l'activité économique de la Transnistrie vers l'UE représente une autre tendance nourrissant l'idée d'un conflit en cours d'« attrition ». Cette tendance s'est accentuée à partir de 2008, lorsque Bruxelles a mis en place un système de préférences commerciales et douanières vis-à-vis de Chişinău et de Tiraspol. Avec la signature puis l'entrée en vigueur de l'accord d'association UE-Moldavie en juin 2014, les préférences commerciales prennent fin pour la Moldavie mais Bruxelles décide de les prolonger jusqu'à fin 2015 pour la Transnistrie, alors non couverte par l'accord d'association. *In fine*, Tiraspol, après avoir inlassablement répété[12] qu'elle rejoindrait l'Union économique eurasiatique (UEE)[13], a finalement accepté de faire partie de l'accord UE-Moldavie, renforçant de ce fait son unité économique et douanière avec le reste de la Moldavie. Ce rapprochement de Chişinău avec l'UE, la situation en Ukraine et la crise économique en Russie ont ainsi contribué à une importante réorientation du commerce transnistrien vers la Moldavie et vers l'UE. Ainsi, en 2016, selon les statistiques des douanes transnistriennes, le volume des échanges entre la Transnistrie, la Moldavie et les pays de l'UE était supérieur (43 %) à celui existant entre la Transnistrie et les pays de l'UEE (41 %)[14].

En définitive, si la Transnistrie reste largement dépendante de Moscou pour sa survie, son intégration économique vis-à-vis de Chişinău, et *a fortiori* de l'UE, s'est largement renforcée depuis le milieu des années 2000, à tel point que la majorité des exportations transnistriennes allaient en 2016 vers l'UE. Dans ce contexte, le discours sur une entrée de Tiraspol dans l'UEE est de moins en moins pertinent, tant sur un plan économique que sur un plan politique. De surcroît, la chute des relations économiques et commerciales entre Kiev

12 Comme l'attestent de nombreuses déclarations des autorités transnistriennes. Le nouveau président transnistrien l'a rappelé dans un entretien accordé au journal *Izvestia*, le 13 décembre 2016 : http://iz.ru/news/651291, consulté en juin 2017.

13 Rassemblant actuellement la Russie, la Biélorussie, l'Arménie, le Kazakhstan et le Kirghizstan.

14 Données disponibles sur le site : http://customs.gospmr.org/2014-3.html, consulté en avril 2017.

et Moscou depuis l'annexion de la Crimée et la déstabilisation du Donbass ont eu un impact négatif sur le volume des échanges entre Moscou et Tiraspol. Plus de 25 ans après la conclusion du cessez-le-feu, la RMT continue d'exister *de facto* comme un État distinct de la Moldavie. Mais alors que le maintien des liens économiques avec la Russie avait été l'un des principaux facteurs du déclenchement du mouvement sécessionniste à Tiraspol au début des années 1990, l'activité économique de la RMT est désormais en cours de réorientation vers l'UE. Cette tendance devrait s'approfondir du fait de la conclusion d'accords d'association entre Bruxelles, Chişinău et Kiev, alors que la crise russo-ukrainienne rend *de facto* plus complexes et moins rentables les échanges entre Tiraspol et Moscou. Si cet élément sans nul doute ne sera pas suffisant pour aboutir à une résolution du conflit, il devra en tout cas être pris en compte dans la recherche d'une solution rationnelle.

Le conflit transnistrien dans le contexte de la crise ukrainienne

La crise ukrainienne a remis en lumière le conflit transnistrien et a alimenté les interrogations sur les intentions de Moscou vis-à-vis de la RMT. Cette dynamique procède de deux facteurs : d'une part la proximité physique de la Transnistrie avec l'Ukraine, et plus particulièrement avec des régions ukrainiennes concernées à divers degrés par le « printemps russe », d'autre part le fait que la Transnistrie s'inscrit parfaitement dans ce « Rysski Mir », ce « monde russe » que le Kremlin, au plus fort de la crise ukrainienne notamment, proclamait défendre et réunifier, y compris par l'emploi de la force armée.

Dans le sillage de l'annexion de la Crimée en mars 2014, un mouvement séparatiste s'est rapidement développé dans les régions du sud et de l'est ukrainien : annonce de la création de « républiques populaires » à Odessa, Nikolaev, Marioupol, Kharkov, Donetsk et Lougansk, occupation de bâtiments publics, organisation de rassemblements dénonçant le « coup d'État fasciste » à Kiev et demandant à Moscou sa protection… Dans son discours du 18 mars 2014 consécutif au rattachement de la Crimée, Vladimir Poutine qualifiant le sud-est ukrainien de Novorossia, de « Nouvelle Russie », indiquait que ces régions n'avaient jamais fait partie de l'Ukraine et laissait planer entier le doute quant à la possibilité d'une répétition du scénario criméen. Dans la région d'Odessa, limitrophe de la Transnistrie, le printemps russe a véritablement perduré jusqu'aux heurts du 2 mai 2014 ayant conduit à la mort d'une cinquantaine de personnes dans l'incendie de la maison des syndicats. Jusqu'à cette date, la perspective d'un développement d'un conflit armé similaire à celui qui prenait alors de l'ampleur dans les régions de Donetsk et de Lougansk est restée bien réelle. Ce scénario aurait pu aboutir à la création d'un « continuum pro-russe » au sud de l'Ukraine (région d'Odessa, de Nikolaev et de Kherson) qui aurait d'une manière ou d'une autre intégré la Transnistrie voisine.

Alors qu'à partir de l'été 2014, le « printemps russe » s'essoufflait pour se concentrer dans certaines parties des régions de Donetsk et de Lougansk, à l'est de l'Ukraine, d'autres évènements sont venus rappeler le potentiel de déstabilisation de la Transnistrie. Parmi eux, la nomination en juin 2015 au poste de gouverneur d'Odessa de Mikhail Saakachvili, ancien président géorgien (2003-2012) et dont le nom reste associé au conflit russo-géorgien de l'été 2008. L'arrivée à Odessa de « Micha », associée aux rumeurs sur le déploiement de troupes ukrainiennes et de systèmes S-300 le long de la frontière avec la Transnistrie, a ainsi donné lieu à de nombreuses spéculations à Tiraspol et à Moscou sur un nouveau blocus, voire sur une éventuelle intervention armée que préparerait Kiev contre la Transnistrie pour se venger de la Crimée. Ces rumeurs ont été amplifiées par la décision prise par les autorités ukrainiennes en mai 2015 de suspendre un accord militaire passé avec la Russie en 1995[15], qui autorisait Moscou à utiliser le territoire ukrainien pour ravitailler ses troupes stationnées en Transnistrie. De ce fait, le matériel et les rotations de soldats envoyés doivent désormais passer par Chişinău, ce qui permet aux autorités moldaves de disposer d'un contrôle plus conséquent sur le dispositif militaire russe en Transnistrie. Enfin, la décision des autorités ukrainiennes, prise également à l'été 2015, de ne plus permettre l'importation par la RMT de produits soumis à des droits d'accise (alcool et cigarettes notamment) a également nourri les interrogations sur une volonté de Kiev d'étouffer économiquement la Transnistrie. Dans ce contexte, alors que la Russie n'avait pas hésité à utiliser la force armée pour annexer la Crimée et pour soutenir les séparatistes dans le Donbass, l'hypothèse d'une intervention armée de la Russie en Transnistrie, légitimée par une rhétorique d'ordre humanitaire, a un temps été ouverte.

Outre la proximité physique de la Transnistrie avec des régions ukrainiennes qui auraient pu se transformer en « républiques populaires » similaires à celles de Donetsk et de Lougansk, le mouvement général suscité par l'annexion de la Crimée a ravivé les doutes sur les intentions du Kremlin vis-à-vis de la RMT. Les discours, scandés par les autorités russes et par certains penseurs proches du Kremlin sur le devoir de la Russie de protéger les communautés russes, le narratif relatif à l'unification du « Rysski Mir », le monde russe, la capacité de la Russie à remettre en question par la force les frontières de l'URSS ont naturellement éveillé l'attention pour la Transnistrie, dont la population avait dans le passé montré sans ambages qu'elle ne voyait son avenir

---

15 « Ukraine suspends military cooperation with Russia », *USA Today*, 21 mai 2015, consulté en juin 2017 sur le site : https://www.usatoday.com/story/news/world/2015/05/21/ukraine-suspends-military-cooperation-russia/27701189/.

qu'avec la Russie. Dans ce contexte, la demande faite le 18 mars par Mikhail Burla, le président du Soviet suprême (parlement transnistrien) à son homologue russe Sergueï Narychkine de préparer une loi permettant l'annexion de la Transnistrie par la Russie, en lui rappelant qu'en 2006, la population transnistrienne s'était clairement exprimée par référendum dans ce sens, a pris une résonnance particulière[16]. De même, les déclarations de Dmitri Rogozine, vice-premier ministre russe en charge du dossier transnistrien, qui indiquait au même moment que « si la Moldavie signe un accord avec l'UE, alors la situation s'aggravera. Les actions de Chişinău montrent que la Transnistrie n'est plus le territoire de la République de Moldavie et nous en tirerons les conséquences[17] », ont semé le doute quant aux intentions réelles de Moscou vis-à-vis de la RMT, alors que la Crimée venait d'être annexée. Pour la première fois depuis la conclusion du cessez-le-feu en 1992, la perspective d'un rattachement de la Transnistrie à la Russie a ainsi pu être sérieusement envisagée.

Quelles perspectives pour la Transnistrie ?

Trois ans après l'annexion de la Crimée, la déstabilisation du sud-est de l'Ukraine et la persistance d'un conflit de basse intensité dans le Donbass, la perspective d'une reprise d'un conflit armé entre Chişinău et Tiraspol semble hors de propos. Ne serait-ce que sur un plan militaire, Chişinău, ne pouvant s'appuyer que sur une armée très modeste (environ

---

16 « La Transnistrie comme la Crimée », *Vedomosti* [Les nouvelles], 18 mars 2014
https://www.vedomosti.ru/newspaper/articles/2014/03/18/pridnestrove-kak-krym, consulté en avril 2017.

17 Olivier TALLES, « Après la Crimée, la Transnistrie rêve de Moscou », *La Croix*, 20 mars 2014, consulté en juin 2017 : http://www.la-croix.com/Actualite/Monde/Apres-la-Crimee-la-Transnistrie-reve-de-Moscou-2014-03-20-1123325.

6 000 hommes pour les forces terrestres), faiblement équipée, n'ayant ni les moyens ni surtout le projet de recouvrer par la force son intégrité territoriale. De leur côté, les autorités transnistriennes ne peuvent rien faire sans l'aval de Moscou, qui ne soutiendrait pas une telle initiative : les forces armées transnistriennes ont une vocation défensive, et les autorités transnistriennes n'ont de toute façon jamais déclaré vouloir étendre leur contrôle sur d'autres parties du territoire moldave. L'usage de la force par Tiraspol ne pourrait donc être envisagé que dans le cas où Chişinău chercherait à reprendre par la force le contrôle de la Transnistrie, ce qui est exclu.

Le rattachement de la Transnistrie à la fédération de Russie constitue un scénario tout aussi improbable que le précédent. En dépit des appels de Tiraspol – en particulier le référendum de l'hiver 2006 –, Moscou n'a jamais sérieusement envisagé cette option, notamment du fait de l'absence de continuité territoriale entre la Russie et la Transnistrie. La création, par l'intégration à la fédération de Russie, d'une seconde exclave, après celle de Kaliningrad, serait la seule solution, mais présenterait peu d'intérêt, aussi bien sur un plan stratégique qu'économique (enclavement, pas d'accès à la mer). Alors qu'au printemps 2014, au plus fort de l'effusion séparatiste en Novorossia, ce scénario a pu être envisagé, il semble paradoxalement s'être éloigné avec la tournure qu'a prise la crise ukrainienne et la pérennisation du conflit dans le Donbass. Un rattachement de la Transnistrie à la Russie impliquerait pour Moscou des dépenses supplémentaires, alors même que l'intégration de la Crimée absorbe déjà d'importantes ressources et que le Kremlin se voit contraint de financer en grande partie les républiques séparatistes de Donetsk et de Lougansk[18]. L'évolution

[18] Voir à ce sujet *Russia and the Separatists in Eastern Ukraine*, International Crisis Group, février 2016, consulté en avril 2017 :

récente de la situation dans le Donbass (adoption en février 2017 par le Kremlin d'un décret reconnaissant les documents d'identité émis par la République populaire de Donetsk et la République populaire de Lougansk, nationalisation par les autorités séparatistes des entreprises ukrainiennes placées sous leur contrôle, mise en œuvre d'un blocus économique en mars 2017) laisse penser que Moscou va devoir concentrer ses efforts, à moyen terme du moins, sur les deux républiques séparatistes du Donbass, ce qui se fera probablement au détriment de la Transnistrie. En second lieu, la dégradation des relations entre Moscou et Kiev rendrait très hypothétique la possibilité pour le Kremlin d'utiliser le territoire ukrainien comme corridor vital vers la Transnistrie, qui plus est dans le cadre d'une annexion illégale de la Transnistrie. Enfin, dans la perspective d'un rattachement à la Fédération de Russie, Bruxelles et Washington prendraient *a priori* des sanctions supplémentaires contre Moscou, alors même que le Kremlin cherche à obtenir la levée de celles qui ont été prises du fait de l'annexion de la Crimée et de son implication dans la déstabilisation du Donbass.

Alors que les perspectives d'une reprise du conflit entre Chişinău et Tiraspol ou d'une annexion de la Transnistrie par la Fédération de Russie ne semblent pas réalistes, la réintégration de la Transnistrie à la Moldavie, seule solution que Moscou a déjà sincèrement soutenue par le passé[19] pourrait redevenir d'actualité. Ce scénario a gagné en plausibilité avec l'élection en novembre 2016 à la présidence moldave du candidat socialiste et anciennement communiste Igor Dodon, élu sur un programme de rapprochement avec la Russie et dont l'une des principales ambitions affichées est de parvenir à une résolution du conflit transnistrien. Son

---

https://www.crisisgroup.org/europe-central-asia/eastern-europe/ukraine/russia-and-separatists-eastern-ukraine.

[19] En 2003, avec le mémorandum Kozak (cf. *supra*).

parti, le Parti des socialistes de la République de Moldavie (PSRM), avait d'ailleurs élaboré avant son élection un projet de résolution du conflit qui passerait par la fédéralisation de la Moldavie, perspective dont Igor Dodon semble quelque peu se distancer depuis son élection. Signe de cette volonté, Igor Dodon a rencontré Vadim Krasnoselsky, son homologue transnistrien et également nouvellement élu, début janvier dans la ville de Bender : la dernière rencontre entre les dirigeants moldave et transnistrien remontait à 2008. Cette rencontre, historique en soi, a permis aux deux hommes d'entamer une série de discussions sur des mesures concrètes qui permettraient un rapprochement entre les populations des deux rives du Dniestr. Parmi ces mesures figurent la reconnaissance des plaques d'immatriculation transnistriennes par les autorités moldaves, la reconnaissance des diplômes délivrés par les universités de Tiraspol par Chişinău afin que les étudiants transnistriens puissent poursuivre leurs études à l'étranger, dans l'UE notamment, la reprise complète du trafic ferroviaire via la Transnistrie et la résolution des problèmes de télécommunications entre les deux rives. Quelques jours plus tard, Igor Dodon déclarait à Moscou, où il effectuait sa première visite à l'étranger – le dernier déplacement d'un président moldave remontait à 2008 – qu'il disposait d'une feuille de route pour le règlement du conflit transnistrien qu'il tenterait de mettre en œuvre d'ici 2019. Vue de Moscou, une réintégration de la Transnistrie à la Moldavie constituerait une stratégie gagnante à plusieurs égards. Elle permettrait le renforcement du « vecteur pro-russe » en Moldavie, avec la participation des plusieurs centaines de milliers d'électeurs transnistriens à la vie politique moldave. Moscou pourrait également chercher à exploiter la résolution du conflit transnistrien pour améliorer ses relations avec Bruxelles et Washington, dégradées depuis la crise ukrainienne. En définitive, Moscou pourrait profiter de l'opportunité offerte par l'élection d'Igor Dodon et de la volonté de ce dernier d'obtenir de réelles avancées sur le conflit transnistrien pour tenter de pousser à une résolution du conflit dans laquelle ses intérêts demeureraient respectés. La reprise des négociations en format 5+2 à l'été 2016, après deux ans d'interruption sur fond de crise ukrainienne, semble par ailleurs témoigner d'une volonté de l'ensemble des parties d'obtenir des avancées sur ce dossier. Afin de pouvoir mettre en œuvre son plan de résolution du conflit, le nouveau président moldave, aux prérogatives limitées, devra toutefois disposer d'une majorité parlementaire et d'un gouvernement qui lui seraient acquis, les prochaines élections législatives moldaves n'ayant lieu qu'en novembre 2018.

Vingt-cinq ans après les combats le long du Dniestr, la Transnistrie continue d'exister comme un État *de facto* indépendant sur lequel Chişinău ne dispose de quasiment aucune autorité. Si les grandes lignes opposant Tiraspol à Chişinău n'ont pas changé, plusieurs éléments – respect intégral du cessez-le-feu depuis sa conclusion en 1992, absence de tout grief ethnique, importante coopération entre les autorités moldaves et les autorités transnistriennes, rôle joué par Bruxelles dans ce conflit, rapprochement progressif des deux parties dans le domaine douanier et économique –, distinguent fortement le conflit transnistrien des autres conflits gelés. Voisine et soudaine, la crise ukrainienne n'a finalement pas emporté la Transnistrie. Le volontarisme affiché par le nouveau président moldave vis-à-vis du dossier transnistrien doit désormais se traduire dans les faits. Si la reprise des négociations en format 5+2 et la rencontre entre Igor Dodon et Vadim Krasnoselsky constituent des éléments pour le moins positifs, la perspective d'une résolution politique du conflit est encore lointaine. Elle demeure, avant tout, fonction de l'évolution des relations entre Moscou, Bruxelles et Washington, dont les événements survenus ces dernières années ont montré le haut degré d'imprévisibilité.

En guise de conclusion

Catherine DURANDIN

Une journée de réflexion, une journée d'informations autour de la République de Moldavie, un 3 juin 2016 à l'INALCO… Journée organisée par deux historiennes et une philosophe, Catherine Durandin, Irina Gridan et Cécile Folschweiller. Les événements proches, la mobilisation de l'automne et de l'hiver 2015, légitiment de faire porter les regards et la réflexion vers une Moldavie dont la capitale Chişinău a connu des manifestations quotidiennes, manifestations puissantes mais sans violence, pour exprimer l'indignation face au fonctionnement clanique de barons, de nomenclatures sans scrupule bien installées au pouvoir depuis l'indépendance de 1991. Les manifestants ont monté des tentes au long de l'un des boulevards principaux de Chişinău, ils discutent avec les passants, l'atmosphère est étrange, mélange de tranquillité et de totale incertitude quant aux dérapages éventuels.

Au-delà de ce mouvement protestataire récent, ce sont des axes différenciés, en profondeur, qui motivent une interrogation à plusieurs voix sur l'état des lieux en Moldavie, les relations avec un voisinage européen, la Roumanie membre de l'OTAN et de l'UE, avec un espace en guerre civile, l'Ukraine, une puissance en mouvement quasi impérial, la Russie. Le tout sur fond évolutif des relations entre l'UE et la Russie, entre Washington, Bruxelles et Moscou.

L'approche de la Moldavie implique une réflexion sur l'identité, le développement, la sécurité. Questions d'histoire et de géopolitique contemporaine.

L'identité moldave est plurielle et complexe, incontournable, « casse-tête » comme le dit Nicolas Trifon, « qui sommes-nous » comme l'exprime Angela Demian. Elle est crispée ou bercée au fil des moments de bouleversements territoriaux qui sont inséparables d'attachements idéologiques majoritaires dominants. À s'en tenir au rythme des vagues du XXe siècle, rappelons la phase de la Moldavie re-*roumanisée* depuis la fin de la Première Guerre mondiale, après avoir été russisée à partir de 1812, puis 1878, Moldavie voulue par Bucarest en ses frontières de Grande Roumanie, soutenue par Paris et par Londres comme cordon sanitaire antibolchévique, à laquelle succède une histoire de la Moldavie soviétisée avec le basculement dans l'empire soviétique à partir de 1945. À grands traits schématiques, précisons qu'aucune de ces étapes, de ces expériences historiques n'a été vécue dans un carcan de définition monolithique. Les résistances, les contestations, les soulèvements contre la *roumanisation* de la Moldavie de l'entre-deux-guerres sont venus de certains milieux intellectuels bolchevisés, d'intellectuels régionalistes, de groupes de paysans aspirant au partage des terres, agissant souvent du fait de la propagande d'agents soviétiques venus de l'autre côté du Dniestr. L'historienne américaine Irina Livizeanu, l'historien moldave Petru Negura ont apporté des éléments nouveaux d'information tant sur le processus de re-

roumanisation que sur l'aspiration à une spécificité moldave régionale. Il y eut les traumatismes violents de la Seconde Guerre mondiale et des mouvements de populations qui fuient les Soviétiques en 1940 ou tentent d'échapper aux vagues de guerre, à la revanche des uns en 1940, des autres en 1944-1945. Il y eut un mal-être, malaise ou jouissance manipulatrice autour des jeux concernant la langue : roumaine et caractères latins, roumaine russifiée et transcrite en caractères cyrilliques tel un déguisement ou bien russe dominant ? Enfin il y a cette présence fascinante de minorités, les Gagaouzes autour de la ville de Komrat, et de l'autre côté du Dniestr, en Transnistrie, capitale Tiraspol, les Ukrainiens, les Bulgares…

La fracture tirée d'une narration de relation de face-à-face entre empire russe puis soviétique et État nation roumain ne prend pas suffisamment en compte l'histoire plurielle des communautés territoriales moldaves minoritaires en longue durée… Les historiographies nationales russe et roumaine se sont bloquées durant des décennies sur des schémas patriotes irréconciliables mélangeant les arguments du droit historique et du droit naturel… le tout dans une posture intellectuelle émotionnelle. Ces fractures, la Roumanie de Dej et de Ceauşescu les rumine en silence/tabou, un silence troublé par des signaux d'attachement à l'intérêt national que décrypte Irina Gridan.

Le jeu victoire/défaite entre l'empire russe et la Roumanie/Moldavie fut au centre de la narration historique : l'étape la plus récente, la plus flagrante de la confrontation, est la guerre qui s'est déroulée du printemps au début de l'été 1992 aux rives du Dniestr, dans la région de Bender, là où les Rouges et les Blancs se battaient en 1918. D'un côté, la Transnistrie russophone et sa crainte d'être noyée dans la Roumanie *via* une union entre Bucarest et Chişinău, de l'autre, les groupes roumanophones qui ne souhaitent pas nécessairement être intégrés dans les frontières roumaines, mais entendent se doter d'un État-nation, leur Moldavie indépendante à construire, à diriger, incluant le territoire de la Transnistrie : un conflit gelé, une sorte d'abcès devenu assez indolore. Deux capitales, mais avec le temps et l'attraction économique que représentent les accords de Chişinău avec l'UE, la circulation et les échanges économiques se sont assouplis entre Chişinău et Tiraspol. Emmanuel Dreyfus ajoute, à juste titre, que l'élection en 2016 à Chişinău d'un président plutôt pro-russe, Igor Dodon, aide à ce glissement vers une relation apaisée, pragmatique du moins.

Cette analyse reste à débattre, les groupes ultra-nationalistes pro-russes à Tiraspol n'ont pas disparu. Ont-ils ou vont-ils se contenter d'une gestion maffieuse de contrebandes au sein de leurs bandes armées bien établies ou se re-nourrir d'une idéologie radicale extrémiste nationaliste partagée avec les ultras hongrois, avec des représentants du FN comme me l'a confié le chef du mouvement radical Pro Ryv, Dumitru Soin lors d'un entretien à Tiraspol ?

L'évocation des réseaux, des mafias, de l'attractivité de l'UE, de relations en dents de scie avec la Russie implique de s'interroger sur le développement économique de la Moldavie articulée sur la vision de la gouvernance, de la bonne gouvernance… Nicu Popescu et Amandine Sabourin apportent des réponses nuancées, prudentes. Amandine Sabourin ouvre la question plus large des modalités de l'aide au développement… Les conclusions, c'est-à-dire les perspectives que propose Nicu Popescu rejoignent celles d'Emmanuel Dreyfus : pas de risque de mutation brutale de la voie réformiste globalement choisie par Chişinău.

Historienne et peut-être trop sensible au tragique de l'Histoire, je serai moins assurée de l'advenue d'une inéluctable détente dans la mesure où l'environnement régional est et demeure figé, dans la mesure où le dialogue entre Poutine et Trump, Poutine et ses interlocuteurs européens, demeure raide, nourri de réprobations respectives. Pas de détente Poutine /UE, pas de négociation en Ukraine, la sécurité de cet environnement est précaire. Le seul bémol à mes inquiétudes quant à un scénario possible de crise est paradoxal : l'émigration très importante des Moldaves qui cherchent un ailleurs *via* l'exil dégonfle les capacités de colère locales…

Les auteurs

Angela DEMIAN

Ancienne pensionnaire étrangère à l'École normale supérieure (Ulm, Paris), Angela Demian est diplômée en Lettres modernes et Langues étrangères (université Paris-Sorbonne, Paris IV), docteur en sciences sociales (École des hautes études en sciences sociales, Paris). Soutenue en 2006 sous la direction de Dominique Schnapper (membre honoraire du Conseil constitutionnel), sa thèse est parue avec sa préface chez L'Harmattan en 2006 : *La Nation impossible ? Construction nationale en République de Moldova, et au-delà*. Angela Demian a commencé sa carrière au Conseil de l'Europe, avant d'intégrer la Représentation permanente de la République de Moldova auprès de cette organisation internationale. Depuis 2007, elle est consultante au sein de la société parisienne Babylone, chargée de la conception et de la gestion de projets culturels transversaux à l'interface entre l'édition, la communication, l'événementiel et la formation.

Emmanuel Dreyfus

Titulaire d'une licence de russe (INALCO), d'un master en relations internationales (université Paris I) et d'un master d'histoire (université Paris IV) consacré à la problématique identitaire moldave, Emmanuel Dreyfus a effectué de nombreux séjours de terrain en Moldavie, en Ukraine et dans d'autres États postsoviétiques dans le cadre de ses recherches et de ses activités professionnelles. Il prépare actuellement un doctorat sur le changement militaire en Russie.

Catherine Durandin

Professeur émérite INALCO, ancienne élève de l'École normale supérieure, auteure de nombreux ouvrages, histoire, géopolitique, fiction. Les plus récents, en histoire : *Le Déclin de l'armée française*, Paris, François Bourin éditeur, 2013, *La Guerre froide*, Paris, PUF, 2016 ; de fiction : *Ismène. Point*, Paris, Dacres, 2016, *Le Vieil homme, Staline et la Soprano*, Paris, L'Harmattan, 2017.

Irina Gridan

Ancienne élève de l'École normale supérieure, agrégée d'histoire et diplômée en économie, Irina Gridan est maître de conférences à l'INALCO et membre du Centre de recherches Europes-Eurasie (CREE) (http://www.inalco.fr/enseignant-chercheur/irina-gridan). Elle a soutenu en 2013 à l'université Paris I – Panthéon-Sorbonne une thèse intitulée *Le Satellite récalcitrant. La Roumanie de Gheorghiu-Dej face à l'URSS : acteurs, vecteurs et enjeux d'une politique extérieure sous influence (1944-1965)*, dont elle prépare la publication.

Nicu POPESCU

Nicu Popescu est analyste senior à l'Institut d'études de sécurité de l'UE à Paris. Il est également enseignant à Sciences Po Paris. Précédemment il a été conseiller du Premier ministre moldave en politique étrangère et en affaires européennes (en 2010, puis entre 2012 et 2013), chargé de projet et chercheur principal au European Council on Foreign Relations à Londres (entre 2007 et 2009, puis entre 2011 et 2012) et chercheur au Centre for European Policy Studies à Bruxelles (de 2005 à 2007). Il est titulaire d'un doctorat en relations internationales de l'université d'Europe centrale à Budapest, en Hongrie. Nicu compte de nombreuses publications sur la politique étrangère de l'UE, la politique – intérieure et étrangère – russe, la politique européenne de voisinage, le partenariat oriental et la gestion de crises. Il est l'auteur de deux livres sur la politique étrangère de l'Union européenne, *EU Foreign Policy and Post-Soviet Conflicts: Stealth Intervention* et *Democratization in EU Foreign Policy* parus chez Routledge respectivement en 2011 et 2015.

Amandine SABOURIN

Diplômée de Sciences Po Bordeaux et docteure en science politique (université des Antilles et de la Guyane), Amandine Sabourin est spécialiste des questions européennes et des politiques de développement. Après une thèse sur l'européanisation des politiques de coopération au développement, elle a été attachée de coopération à l'Ambassade de France en Moldavie afin d'y promouvoir l'expertise française sur les questions de gouvernance démocratique. Actuellement, elle enseigne les relations internationales et les questions européennes et elle contribue à des projets de recherche sur l'efficacité du développement et la relation entre le développement économique et le processus de démocratisation.

Nicolas TRIFON

Français d'origine roumaine, roumain d'origine aroumaine, Nicolas Trifon vit et travaille en France. Il vient de faire paraître, avec Matei Cazacu, *La République de Moldavie, un État en quête de nation*, nouv. éd., Paris, Non Lieu, 2016, traduction roumaine *Republica Moldova, un stat în căutarea națiunii*, Chișinău, Cartier, 2017.

Table des matières

L'Europe

aux éditions L'Harmattan

Dernières parutions

DÉPOLITISER L'EUROPE
Comment les partis dominants évitent le conflit sur l'intégration européenne
Petithomme Mathieu
Comment les partis politiques se saisissent-ils des questions européennes ? Voici étudiée l'adaptation et les stratégies des pays européens au développement de l'UE. Les idées d'une «européanisation» croissante et d'une montée de l'euroscepticisme sont remises en cause. Comment les partis dominants développent-ils des stratégies pour éviter le conflit sur l'intégration européenne ? Maintenir des lignes politiques floues et nationaliser cet enjeu permet aux partis d'agir librement au niveau européen, tout en évitant une politisation de l'UE. On interdit aux citoyens ordinaires d'accroître leur connaissance de l'UE par la critique et le débat public.
(Coll. Questionner l'Europe, 38.00 euros, 384 p.)
ISBN : 978-2-343-05577-0, ISBN EBOOK : 978-2-336-38152-7

MAURICE BLONDEL (1861-1949)
Un sociologue arraché à l'oubli
Diakiodi Adrien
Pour son projet d'une « union européenne », Maurice Blondel a élaboré une méthode sociologique qui permet de rassembler les membres d'une même société autour des mêmes idéaux, de les aider à s'accepter les uns les autres, de les pousser à atteindre un excellent niveau d'organisation sociale, économique, politique et culturelle, mais surtout d'intégrer les délinquants déclarés perdus à jamais. Le présent ouvrage se propose de présenter cette méthode et de faire connaître Maurice Blondel comme sociologue de l'action et d'une Europe de la paix perpétuelle.
(Coll. Logiques sociales, 12.00 euros, 96 p.)
ISBN : 978-2-343-06015-6, ISBN EBOOK : 978-2-336-38139-8

DIPLOMATIE DE L'ARROGANCE
Le cas de la Russie dans les pays baltes
Pundziute-Gallois Emilija - Préface de Guillaume Devin
Pour expliquer certains problèmes de relations internationales, il est utile d'étudier la diplomatie en tant que phénomène social. Ce travail définit et décrit la diplomatie de l'arrogance en étudiant le cas des relations entre la Russie et les pays baltes. Elle se manifeste dans un contexte d'inégalité objective entre

les États, renforcé par la certitude subjective de la supériorité du sien. Elle se manifeste alors par un agenda et des thèmes diplomatiques imposés par la partie forte, pour démontrer sa puissance et se construire une image valorisante au détriment de l'autre.
(Coll. Questions contemporaines, 18.00 euros, 186 p.)
ISBN : 978-2-343-06155-9, ISBN EBOOK : 978-2-336-37809-1

LE CINÉMA FAIT LE MUR
Bernard Louargant
Symbole de la guerre froide, le Mur de Berlin a fourni une excellente matière pour le cinéma. Des films de fiction ont été réalisés pour raconter son histoire, de sa construction en août 1961 à sa chute en novembre 1989. Vingt-huit années durant lesquelles, à l'Est comme à l'Ouest, des cinéastes mettront en scène des espions et des fugitifs en proie à la guerre froide. Ces longs métrages cinématographiques permettent de raconter, d'une manière originale et inédite, l'histoire du Mur vu des deux côtés de Berlin.
ISBN : 978-2-336-29705-7, 20.00 euros

UN CAMP DE LA MORT NAZI OUBLIÉ EN BIÉLORUSSIE
Maly Trostenets
Chauvet Didier
Le camp nazi de Maly Trostenets, en périphérie de Minsk en Biélorussie, est quasiment inconnu du grand public français. Construit sur le site d'un Kolkhoze, le camp se trouvait au centre du processus d'extermination des Juifs du ghetto de Minsk. L'histoire de ce camp est ici présentée à la lumière de recherches historiographiques internationales et en s'appuyant sur les conclusions de la Cour fédérale de Coblence et de la Commission d'État soviétique.
(16.50 euros, 164 p.)
ISBN : 978-2-343-06005-7, ISBN EBOOK : 978-2-336-38071-1

LEXIQUE DE GREC CARGÉSIEN
Précédé d'un bref historique du peuplement grec de Cargèse (Corse)
Eon Jean-Christophe
Cargèse est une petite ville située à 52 km au nord d'Ajaccio, née de l'exil de populations grecques venues du Péloponnèse. En 1676, fuyant l'oppression ottomane, ces populations obtinrent de la République de Gènes, alors métropole de la Corse, la possibilité de s'y installer. À partir du XIXe siècle, les Cargésiens purent vivre en paix sur cette terre devenue la leur. Voici donc une étude sur le parler grec de Corse (néanmoins en voie d'extinction).
(Coll. Études grecques, 19.00 euros, 1925 p.)
ISBN : 978-2-343-06002-6, ISBN EBOOK : 978-2-336-38146-6

L'UNION EUROPÉENNE : UN ESPACE POLITIQUE À LA CROISÉE DES CHEMINS
Sous la direction de Marie-Claude Esposito et Christine Manigand, collaboration de P. Dieuaide et A. Evrard (préfacier)
Grâce aux regards combinés d'historiens, de politistes, d'économistes et de juristes, ce volume dresse un état des lieux de la construction européenne

braquant l'objectif successivement sur les citoyens, les institutions et les politiques publiques mises en place tout en réinterrogeant des notions convenues ou des idées reçues sur l'Union Européenne.
(Coll. Cahiers de la Nouvelle Europe, 17.00 euros, 172 p.)
ISBN : 978-2-343-05796-5, ISBN EBOOK : 978-2-336-37394-2

POLICE ET SURVEILLANCE DE L'EXTRÊME-DROITE EN ALLEMAGNE
Laumond Bénédicte - Préface de Alexandre Dézé
Cet ouvrage permet au lecteur de découvrir comment notre voisin allemand organise la surveillance et la répression policière de l'extrémisme de droite. L'auteure commence par dresser un panorama de l'extrême droite allemande contemporaine, avant de consacrer une large place à l'analyse critique du fonctionnement des institutions de sécurité en charge de lutter contre l'extrémisme de droite. Elle s'appuie sur une recherche de terrain menée entre Berlin, la Saxe, le Brandebourg et la ville de Dortmund.
(Coll. Inter-National, 15.50 euros, 152 p.)
ISBN : 978-2-343-05288-5, ISBN EBOOK : 978-2-336-37555-7

CONTROVERSES DU TRAVAIL SOCIAL EN FRANCE ET EN ALLEMAGNE
Par-delà les idées reçues
Sous la direction de Béatrice Muller, Bruno Michon, Blandine Somot ;
Préfaces du Conseil régional d'Alsace et de l'Eurodistrict
Repoussoir pour certains, modèle pour d'autres, l'Allemagne concentre les regards depuis plusieurs années. On aura bien sûr entendu parler du «modèle social allemand» au cœur duquel semble régner la recherche de consensus. Mais qu'en connaît-on réellement ? Peu de chose, et cela est d'autant plus dommageable que les évolutions parallèles des modèles sociaux français et allemands sont loin d'être aussi divergents qu'on le croit. Il s'agira ici d'établir une passerelle entre ces deux rives et d'interroger les théories et pratiques du travail social à l'œuvre dans chacun de ces pays.
(Coll. Institut de la Ville et du Développement, 25.00 euros, 258 p.)
ISBN : 978-2-343-05641-8, ISBN EBOOK : 978-2-336-37406-2

L'EXIL FRANÇAIS DE DON CARLOS, INFANT D'ESPAGNE (1839-1846)
Pauquet Alain
Ce livre est le premier ouvrage historique consacré à la vie de l'Infant Don Carlos de Bourbon (1788-1855), prétendant malheureux au trône d'Espagne et fondateur du carlisme (l'extrême droite espagnole du XIXe siècle). S'appuyant sur des archives, dont une partie était restée jusqu'ici inédite, ce livre contribue à une meilleure connaissance de l'histoire de l'Espagne et de la France à l'époque du roi Louis-Philippe.
(Coll. Chemins de la Mémoire, série XIXe siècle, 33.00 euros, 318 p.)
ISBN : 978-2-343-05846-7, ISBN EBOOK : 978-2-336-37528-1

FILLE DE COSAQUE 1914-1919
Yurlova Marina - Traduit de l'anglais par Jean-Claude Drouin
Marina Yurlova a servi sous l'uniforme comme combattante cosaque, se portant volontaire à l'âge de 14 ans, en 1914. Bien que blessée à plusieurs reprises, elle

retourne au service actif et reçoit plusieurs décorations. À travers la guerre et la Révolution, Marina a rencontré des Turcs, des Kurdes, des Rouges, servi dans la légion tchèque, traversé la Sibérie à pied, et finalement embarqué à Vladivostok pour le Japon en 1919. Elle détaille ces cinq années de sa vie dans un récit fascinant, rempli d'observations et d'impressions sur les lieux et les gens qu'elle a rencontrés.
(Coll. Voix du Caucase, 26.00 euros, 252 p.)
ISBN : 978-2-343-05646-3, ISBN EBOOK : 978-2-336-37444-4

CHRONIQUES DES ÉLECTIONS EUROPÉENNES MAI 2014
Pour une alternative républicaine
Obert Patrice
L'Europe est mal connue, mal aimée, et pourtant notre chance aujourd'hui. Dans ce livre, Patrice Obert explique pourquoi il décide de se présenter pour la première fois comme candidat sur une liste citoyenne. À travers de courts récits, il décrit le déroulement d'une campagne et le ressenti des citoyens rencontrés face aux militants politiques. Une réflexion indispensable pour comprendre les résultats des prochaines élections de 2015 en Europe et pour proposer une alternative politique républicaine, européenne et humaniste face à la montée des extrémismes.
(22.00 euros, 224 p.)
ISBN : 978-2-343-05490-2, ISBN EBOOK : 978-2-336-37127-6

QUATRE STRATÈGES DANS LA SECONDE GUERRE MONDIALE
Essai
Jarrosson Bruno
La Seconde Guerre mondiale s'est déployée comme une partie d'échecs où chaque stratège a joué sa partie et défini son style et ses croyances. Pour saisir la stratégie d'Hitler, Churchill, Staline et Roosevelt, cet ouvrage analyse les raisonnements et décisions des douze moments décisifs - de 1936 à 1945. Ces études révèlent la nature de la stratégie - réaliste ou idéaliste, directe ou indirecte - et les qualités mises en œuvre, offrant une fresque souvent baroque et rarement heureuse.
(19.50 euros, 190 p.)
ISBN : 978-2-343-05271-7, ISBN EBOOK : 978-2-336-37219-8

DIVERSITÉ ET PARTICIPATION
Approches franco-allemandes de l'action sociale pour la jeunesse des quartiers marginalisés
Sous la direction d'Ahmed Boubeker & Markus Ottersbach
L'ouverture interculturelle est devenue une exigence qui concerne aussi l'action sociale internationale à destination des jeunes. Cet ouvrage aborde la méthodologie, les débats scientifiques sur les quartiers marginalisés, les ressources et les «capacités d'agir» de ces jeunes, la politique d'intégration et les possibilités et limites de l'action sociale en France et en Allemagne. À la fois théorique et fourmillant de situations concrètes, cet ouvrage intéressera les travailleurs sociaux et les décideurs politiques.
(Téraèdre, Coll. Dialogues/ Dialoge, 22.00 euros, 204 p., Broché)
ISBN : 978-2-36085-061-7, ISBN EBOOK : 978-2-336-37256-3

L'Harmattan Italia
Via Degli Artisti 15; 10124 Torino
harmattan.italia@gmail.com

L'Harmattan Hongrie
Könyvesbolt ; Kossuth L. u. 14-16
1053 Budapest

L'Harmattan Kinshasa
185, avenue Nyangwe
Commune de Lingwala
Kinshasa, R.D. Congo
(00243) 998697603 ou (00243) 999229662

L'Harmattan Congo
67, av. E. P. Lumumba
Bât. – Congo Pharmacie (Bib. Nat.)
BP2874 Brazzaville
harmattan.congo@yahoo.fr

L'Harmattan Guinée
Almamya Rue KA 028, en face
du restaurant Le Cèdre
OKB agency BP 3470 Conakry
(00224) 657 20 85 08 / 664 28 91 96
harmattanguinee@yahoo.fr

L'Harmattan Mali
Rue 73, Porte 536, Niamakoro,
Cité Unicef, Bamako
Tél. 00 (223) 20205724 / +(223) 76378082
poudiougopaul@yahoo.fr
pp.harmattan@gmail.com

L'Harmattan Cameroun
TSINGA/FECAFOOT
BP 11486 Yaoundé
699198028/675441949
harmattancam@yahoo.com

L'Harmattan Côte d'Ivoire
Résidence Karl / cité des arts
Abidjan-Cocody 03 BP 1588 Abidjan 03
(00225) 05 77 87 31
etien_nda@yahoo.fr

L'Harmattan Burkina
Penou Achille Some
Ouagadougou
(+226) 70 26 88 27

L'Harmattan Sénégal
10 VDN en face Mermoz, après le pont de Fann
BP 45034 Dakar Fann
33 825 98 58 / 33 860 9858
senharmattan@gmail.com / senlibraire@gmail.com
www.harmattansenegal.com